Claudia Scholl

INSELWELT und RITTERBURG

Haupt
GESTALTEN

Claudia Scholl

INSELWELT und RITTERBURG

Spielwelten aus Pappe auf einem Quadratmeter

Fotografien von Anita Back

Haupt Verlag

Konzept, Projekte, Gestaltung:
Claudia Scholl, Berlin

Zeichnungen:
Claudia Scholl, Berlin

Fotos:
Anita Back, Berlin

Lektorat:
Claudia Huboi/kreisrund, Berlin

Bibliografische Information der Deutschen Nationalbibliothek:
Die Deutsche Nationalbibliothek verzeichnet diese Publikation in der Deutschen Nationalbibliografie; detaillierte bibliografische Daten sind im Internet über http://dnb.dnb.de abrufbar.

ISBN 978-3-258-60148-9
Alle Rechte vorbehalten.
Copyright © 2017 Haupt Bern

Der Haupt Verlag wird vom Bundesamt für Kultur mit einem Strukturbeitrag für die Jahre 2016-2020 unterstützt.

Wünschen Sie regelmäßig Informationen über unsere neuen Titel zum Gestalten? Möchten Sie uns zu einem Buch ein Feedback geben? Haben Sie Anregungen für unser Programm? Dann besuchen Sie uns im Internet auf www.haupt.ch. Dort finden Sie aktuelle Informationen zu unseren Neuerscheinungen und können unseren Newsletter abonnieren.

www.haupt.ch

Gedruckt in Kroatien

Inhalt

PAPPWELTEN

Pappwelten bauen

In diesem Buch soll jeder auf seine Kosten kommen. Gezeigt werden große Objekte mit vielen Details und „spontane Objekte", die sich recht schnell realisieren lassen. Was alle Pappwelten verbindet, ist die Pappe. Und darum sind es Spielwelten für das Hier und Jetzt. Denn im Gegensatz zu Holz ist Pappe nicht so stabil. Aber sie ist doch ausreichend standfest, um so manchem Spiel die Stirn zu bieten.

Die Spielwelten sind gut umsetzbar und man braucht dafür nur Alltagsmaterialien, die nicht viel kosten. Wenn die Kinder den Spaß an ihren Spielwelten verloren haben, werden sie einfach in den Papiermüll geworfen. Sie lassen sich leicht reparieren und „flicken". Die Kinder können „schlampig" oder „pingelig" arbeiten – beides funktioniert. Und das ist doch das Ziel: Spaß am Basteln und Spielen.

.

Die Vorgabe

Jede Spielwelt darf nur 1 x 1 Meter Platz in Anspruch nehmen, wobei sich manche Teile der Spielwelten aus- und wieder einklappen lassen.

Alle Spielwelten richten sich an kleine und große Bastler. Wenn ein Erwachsener ein Objekt für ein kleines Kind baut, kann das Kind viele Tätigkeiten übernehmen. Die jungen Bauleiter haben oft prima Ideen, welche die Erwachsenen umsetzen können.

Für größere Kids steht das Selbermachen meistens im Vordergrund. Die Spielwelt ist dann wie ein Kunstobjekt zu sehen und dient eher als Ausstellungsstück. In jedem Fall sollen die gezeigten Pappwelten zum Selberbauen anregen und zeigen, welche Kartons man verwendet und wie man sie am besten bearbeitet.

Der Recycling-Aspekt!

Warum ich mit recycelten Kartons und Pappe arbeite: Weil es ein super Material ist, das man leicht und günstig besorgen kann. Und es besitzt eine ganz eigene Ästhetik, die absolut wandelbar ist. Denn Pappe kann grob oder fein wirken, je nachdem, wie man mit ihr arbeitet. So gibt es in diesem Buch detailreiche und farbenfrohe Objekte, aber auch sehr puristische.

Kartontypen

Ich habe versucht, viele unterschiedliche Kartons und Verpackungspappen zu benutzen und verschiedene Prinzipien zu zeigen, wie man diese einsetzt. Zum Beispiel kann man den Ticket-Shop (Seite 80 bis 81) nachbauen. Oder aber man schaut sich an, wie die Grundidee funktioniert, und baut dann keinen Ticket-Shop, sondern einen Pizzaladen.

Manchmal hätte ich gerne speziellere Kartonagen verwendet. Aber dies birgt immer die Gefahr, dass keiner diesen besonderen Karton findet – und das wollte ich nicht. Jedem Bastler sei jedoch ans Herz gelegt, Spielobjekte aus einem sehr speziellen Karton, der einem gefällt, zu bauen.

Tipps

Ab Seite 134 werden Werkzeuge ebenso wie die verschiedenen Kartons und Verpackungen beschrieben. Nach Informationen zu unterschiedlichen Materialien wird außerdem erklärt, wie sich Kartons und Pappen am besten bearbeiten und verbinden lassen.

Manche Projekte sind unerklärbar – aber sie inspirieren.

Flaschenautomat

Spielwelt:

In der Küche sammeln sich oft Unmengen an Flaschen, die ein Familienmitglied schon längst zum Pfandautomaten hätte bringen können. Doch so lange sich die Flaschen noch im Haushalt befinden, können die kleinsten Familienmitglieder damit spielen.

Kartonart:

stabiler Faltkarton, schmaler Karton als Rückwand (die Klappen wegschneiden)

Werkzeug:

Cutter, Pinsel

Weitere Materialien:

Heißkleber, Volltonfarbe, Reißzwecken, Tragegriff vom Baumarkt, Papierreste, dicker Filzstift

Und so geht's:

Der große Faltkarton wird geschlossen und zugeklebt. In die Oberseite eine rechteckige Öffnung schneiden, auf die der schmale Karton als Rückwand geklebt wird. Wie die Klappen und Öffnungen zu schneiden sind, erklärt die nächste Doppelseite. Zum Schluss wird der Flaschenautomat mit Volltonfarben angemalt und mit Filzstift beschriftet.

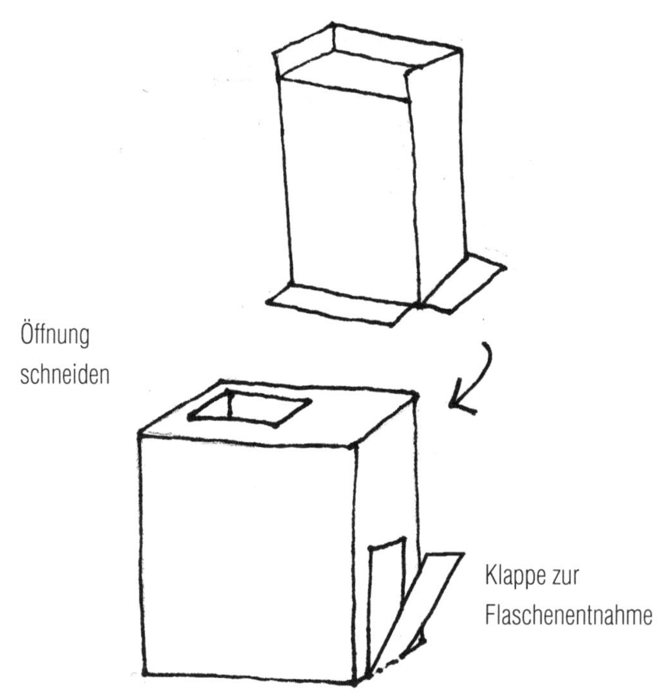

Besonderheit:

Eine Besonderheit sind das Fallrohr für die Flaschen und die seitliche Klappe zum Entnehmen der Flaschen. Der Flaschenautomat ist ein tolles Spielobjekt für kleine Kinder und hat den Vorteil, dass er tatsächlich so manche echte leere Flaschen in sich aufnimmt, die anschließend nicht mehr herumstehen – er ersetzt also den Leergutkorb.

FLASCHEN
RÜCKGABE
LPG
Lecker. Preis
LPG-Biomarkt
Lagertemperatur
max. +5°C
min. +3°C

Flaschenautomat

Runde Öffnungen

So geht's:
Für die unterschiedlichen Flaschengrößen verschieden große Kreise mit dem Cutter zuschneiden. Bei jedem Kreis bleibt ein Stück Pappe stehen. Es entstehen runde Deckel zum Öffnen und Schließen.

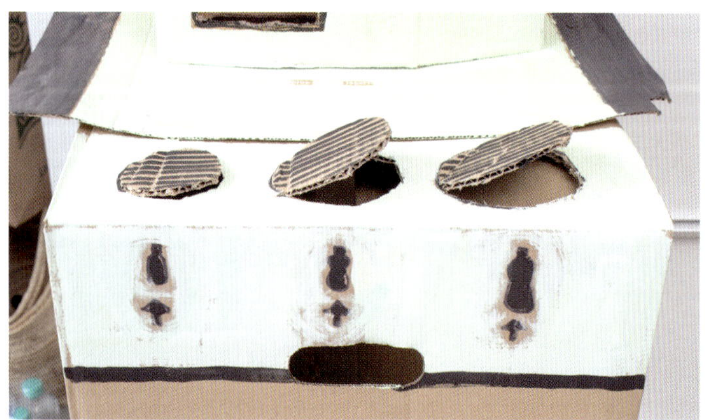

Pfandzettel

So geht's:
Damit man nach dem Einwurf der Flaschen einen Pfandzettel erhält, wird ein Tragegriff vom Baumarkt mit Reißzwecken befestigt und um diesen ein schmales Papier zum Abreißen gewickelt. Die Zahlen von Hand schreiben.

Klappe in der Rückwand

So geht's:
Geschnitten wird seitlich und unten, oben wird die Pappe nur angeritzt und geklappt. Den unteren Teil der Klappe abschneiden. Durch die Öffnung an der Oberseite fallen die Flaschen in den Grundkarton und können an der seitlichen Klappe entnommen werden.

Seitliche Klappe

So geht's:

Die Klappe zum Entnehmen der Flaschen befindet sich an der Seite des Kartons. Sie wird mit den Cutter an beiden
Seiten sowie oben geschnitten und unten
quer nur angeritzt. So lässt sie sich auf-
und zuklappen.

Staubsauger

Spielwelt:
Besonders kleine Kinder ahmen gerne die Tätigkeiten der Erwachsenen nach. Aber manchmal sind die echten Haushaltshelfer zu schwer für die Kleinen, dann hilft nur noch eins: Nachbauen!

Kartonart:
Flaschenkarton

Werkzeug:
Cutter, Schere

Weitere Materialien:
Heißkleber, Pappreste, Obstschachtel, 2 ca. 20 cm lange Schaschlikspiesse, Röhre oder Schlauch, 4 Überraschungseier

Und so geht's:
In eine Kartonseite wird mit dem Cutter ein Loch für den Schlauch geschnitten. Am besten so knapp schneiden, dass man den Schlauch nur noch einschieben muss und dieser von selbst hält. Ansonsten mit etwas Heißkleber festkleben. Die Rollen sind mit zwei Schaschlikspießen und jeweils einem Pappstreifen an der Unterseite befestigt (siehe Skizze). Für den Saugeraufsatz erst ein Rechteck aus Pappe schneiden, an den Seiten anritzen, falten und zusammenkleben. Dieses Rechteck auf eine schmale Obstschachtel kleben und den Schlauch durchfädeln.

Besonderheit:
Weitere Haushaltsgeräte gibt's auf den Seiten 58 bis 59 und 126 bis 127.

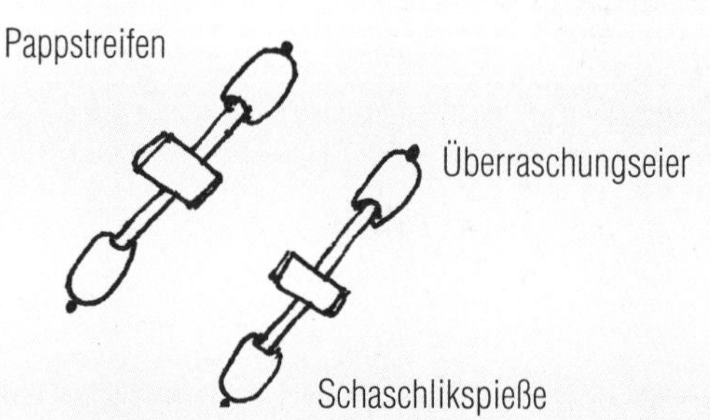

Popcorn
Flasche bitte mit dem
Flaschenhals nach
oben hineinstellen,
auf keinen Fall
kopfüber!
Flasche bitte mit den
Flaschenhals nach
oben hineinstellen,
auf keinen Fall
kopfüber!

Ritterburg

Spielwelt:

Mittelalter – wie haben die Menschen im Mittelalter gelebt? Wer lebt in meiner Burg und wie soll meine Burg aussehen? Kinder haben immer Themen, für die sie sich interessieren. Je spannender sie ein Thema finden, desto lieber bauen sie ein Objekt dazu. Wer sich für Ritter interessiert, möchte vielleicht selbst ein Ritter sein und eine Burg besitzen. Oder er braucht die Burg für seine Spielfiguren.

Kartonart:

stabiler Faltkarton (Größe: 1 x 1 Meter)

Werkzeug:

Cutter, Schere, Pinsel, Lochbohrer oder Dosenöffner

Weitere Materialien:

Heißkleber, Kreppklebeband, Minischachteln, Pappreste, Packpapierreste, Zeitungspapier, Volltonfarbe, Wachskreiden, Schnur, Schaschlikspieße, Ästchen, Holzstück

Und so geht's:

Der Karton wird so aufgestellt, dass alle Klappseiten geöffnet bleiben. Die Zinnen, Fenster und die Zugbrücke werden aufgezeichnet und mit dem Cutter geschnitten. Für die Fenster und die Zugbrücke die Rundungen und die Seiten jeweils einschneiden, die untere Seite mit dem Cutter nur anritzen und einklappen. Dann wird die Burg mit grauer Volltonfarbe angemalt. Die Steinstruktur

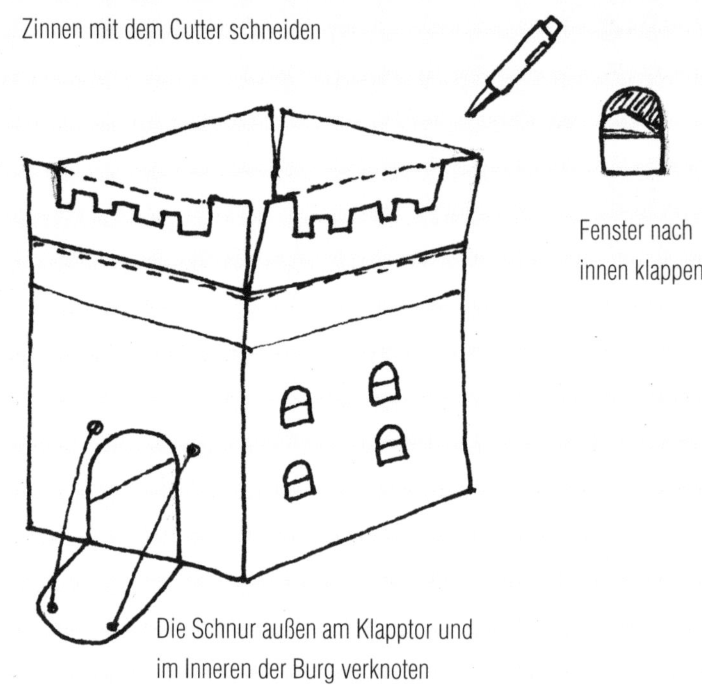

erhält die Burg, indem man ein rechteckiges Holzstück mit dunkler Farbe bepinselt und auf dem Karton abdrückt. Details können mit bunten Wachskreiden ergänzt werden.

Mehr Details auf der nächsten Doppelseite.

Besonderheit:

Die Ritterburg ist eines der größten Projekte in diesem Buch. Die Pappe ist sehr stabil und sollte nur von Erwachsenen mit dem Cutter bearbeitet werden. Alle zeichnerischen Arbeiten können die Kinder übernehmen. Aufgepasst: Die Ritterburg kann auch nur von einer Seite bemalt und die andere Seite für eine weitere Spielidee genutzt werden, zum Beispiel für die Klang-Box (Seite 28 bis 29). Eine gute Idee für Geschwister, die ein gemeinsames Zimmer bewohnen, aber unterschiedliche Interessen haben.

Ritterburg

Zugbrücke

So geht's:
Die Seiten und der runde, obere Teil werden mit dem Cutter geschnitten. Dabei ist darauf zu achten, dass man an der Unterseite eine Art Steg stehen lässt, also nicht ganz bis nach unten schneiden. Um das Zugseil anzubringen, werden mit einem Lochbohrer (oder Dosenöffner) Löcher in die Pappe gedrückt.

Hirschgeweih und Schnecken

So geht's:
Für den Hirschkopf haben wir ein Stück Zeitungspapier in Form gedrückt und mit Kreppklebeband umklebt. Für das Geweih werden kleine Äste verwendet und ebenfalls mit Klebeband befestigt. Die Schnecken entstehen, indem man Pappstreifen schneidet, diese zusammenrollt und mit Heißkleber am Tor gut befestigt.

Kanonenrampe

So geht's:
Für die kleine Spielkanone wird eine Öffnung geschnitten – an beiden Seiten und oben. An der Unterseite die Pappe nur anritzen und nach vorn klappen. Sollte die Pappe nicht so stabil sein und sich zu sehr nach unten biegen, kann man an die Unterseite Pappwinkel kleben, welche die Pappe stützen.

Klappfenster

So geht's:
Die Burgfenster seitlich und oben mit dem Cutter einschneiden, der untere Rand wird nur angeritzt und dann nach innen geklappt.

Dekoration

So geht's:
Die kleinen Fahnen und Wimpel werden aus Schaschlikspießen und altem Packpapier gebastelt. Minischachteln können zu Plumpsklos werden, zu Geheimgängen oder zu Falltüren. Letztlich lässt sich alles, was es in und an einer Burg geben kann, selbst basteln.

Tischkicker

Spielwelt:

Wenn das Wetter zu schlecht ist, um draußen Fußball zu spielen, dann ist der Tischkicker eine gute Alternative. Bis auf die Schaschlikspieße hat man eigentlich fast alles im Haus. Der Ball besteht aus gerolltem Kreppklebeband, die Griffe sind aus Korken und die Spieler aus Papier und einem 1-Cent-Stück.

Kartonart:

flache Schachtel

Werkzeug:

Schere, Pinsel, Lochbohrer

Weitere Materialien:

Heißkleber, Kreppklebeband, dickes Papier (ca. 300 g/m^2), Volltonfarben, Bleistift, Filzstift, Schaschlikspieße, Sektkorken, 1-Cent-Stück

Und so geht's:

Auf die Innenfläche der flachen Schachtel in Grün und Weiß ein Spielfeld malen, die Seiten können innen und außen je nach Farbvorliebe ebenfalls angemalt werden. Sobald die Farben getrocknet sind, in jede Seite mit dem Lochbohrer vier Löcher in regelmäßigen Abständen bohren. Danach die Spieler auf ein gefaltetes dickes Papier malen. Am besten zeichnet man einen Spieler vor und benutzt diesen als Schablone. Achtung, für jeden Spieler sind eine Vorder- und

eine Rückseite notwendig. Den Spieler ausschneiden und so am Schaschlikstab platzieren, dass die Füße kurz vor dem Schachtelboden enden. Dann Kleber auf beide Innenseiten auftragen und die Figur an den Schaschlikspieß kleben. Zwischen die Füße jeweils ein 1-Cent-Stück einkleben – das sorgt für die nötige Schusskraft. Sind alle Spieler in regelmäßigem Abstand platziert, die Schaschlikspieße durch die Seiten stecken. Die Korken müssen zuerst mit dem Lochbohrer vorgebohrt werden, damit die Schaschlikspieße richtig halten. Der Spielball ist aus Kreppklebeband geknüllt.

Besonderheit:

Manchmal muss man die Schachtel ein wenig kippen, um den Ball wieder mit den Spielfiguren zu erreichen. Und man sollte ein bisschen vorsichtiger spielen als bei einem richtigen Tischkicker – funktioniert aber trotzdem gut!

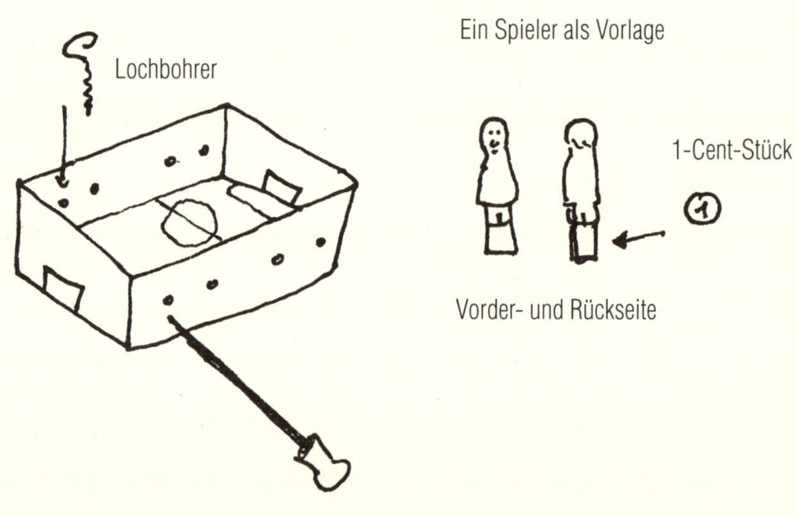

Zimmer = Stube

Spielwelt:
Das Thema war: Bau ein Zimmer nach deinem Geschmack – mit Materialien, die eigentlich Abfall sind. Durch den Einsatz von Recyclingmaterialen entsteht eine ganz eigene Ästhetik. Doch genau wie erwachsene Designer beschäftigt sich jedes Kind erst einmal mit praktischen Fragen: Wie wird ein Stuhl aus Pappe stabil? Aus welchen Materialien kann ich überhaupt einen Tisch bauen? Und was macht den Tisch zum Tisch?

Kartonart:
kleiner Saftflaschenkarton

Werkzeug:
Schere, Cutter

Weitere Materialien:
Flüssigkleber, Kreppklebeband, buntes Tape, Pappreste, diverse Recyclingmaterialien

Und so geht's:
Als Basis dient der Saftflaschenkarton, der mit allem gefüllt wird, was ein Zimmer ausmacht: mit Stühlen, Tischen, Schrank, Teppich, Bildern, Vasen, Büchern, Fernseher, Laptop, Bett, Sofa, Sitzkissen usw. Wer möchte, kann natürlich auch Fenster und Türen mit dem Cutter schneiden.

schepper
rub
blom
kling-klong
kling

KLANGBOX
bum
peng
riesel
knister

Klang-Box

Spielwelt:
Ein Objekt für die Sinne: Ein Kind sitzt in der Box und hört, was das andere Kind für Klänge erzeugt. In unserem Fall wurde es dann eher eine Instrumenten-Box, denn alle Kinder wollten plötzlich Musik machen. Leider ist das jetzt in diesem Buch nicht mehr zu hören.

Kartonart:
stabiler Faltkarton (Größe: 1 x 1 Meter)

Werkzeug:
Cutter, Pinsel, Dosenöffner

Weitere Materialien:
Heißkleber, Pappe, Pralinenverpackung, Silberspray, Filzstifte, Kronkorken, Folie, Joghurtbecher, Haushaltsgummis usw.

Und so geht's:
Der Karton wird so aufgestellt, dass alle Klappseiten geöffnet bleiben. An einer Seite den Karton aufschneiden, damit die Kinder leicht ein- und aussteigen können. Den Karton in Silber besprühen. Jetzt so viele Klangkörper wie möglich anbringen und passend beschriften. Mehr Details auf der nächsten Doppelseite.

Besonderheit:
Die Klang-Box ist ein tolles Objekt für Gruppen. Die Kinder können die Klangkörper erfinden, basteln und in der Gruppe ausprobieren.

Die Kronkorken werden von den Kindern in die Schale fallengelassen – Schepper!

Rub, Blom, Klong-Klong: Die Haushaltsgummis werden um den Becher gespannt und durch das passgenau geschnittene Loch in die Pappe geschoben.

Kling: Mit einem Dosenöffner werden Löcher in die Kronkorken gedrückt und diese auf einen Schaschlikspieß aufgefädelt. In die Pappe ein etwas kleineres Rechteck schneiden und den Schaschlikspieß links und rechts einstecken.

Mögliche Materialien:

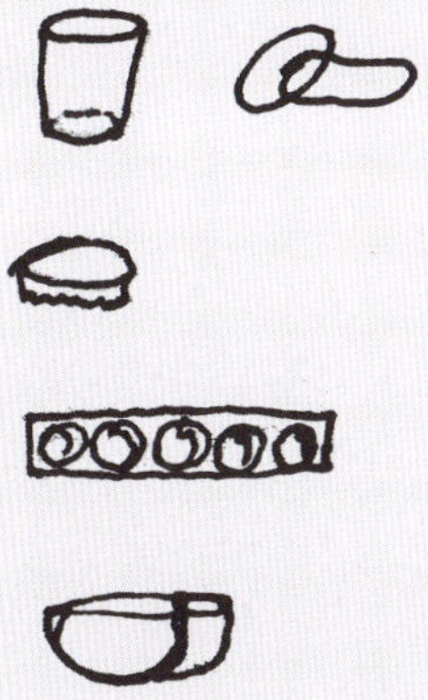

 Joghurtbecher und Haushaltsgummis

 Kronkorken

 Pralinenverpackung

 Schale

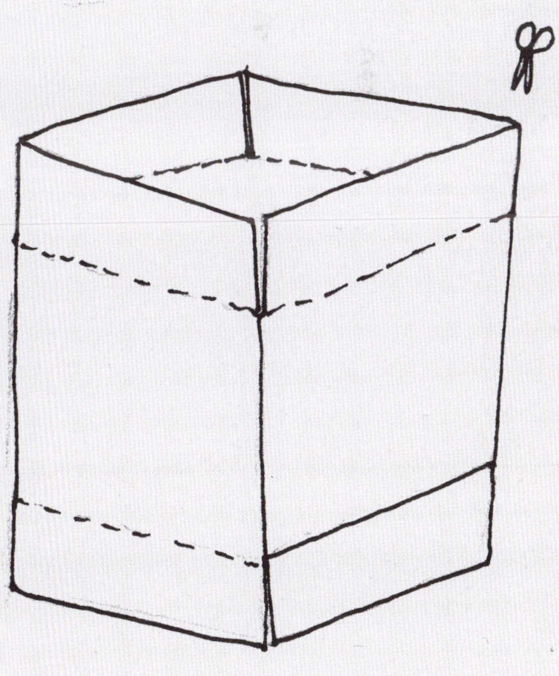

KAUFLADEN

Bahnhof

Inselwelt

Spielwelt:
Ob Inselwelt oder Villa Kunterbunt – im Grunde kann alles erbaut werden. Kinder lassen sich gerne von ihren Helden inspirieren.

Kartonart:
flache Pappe

Werkzeug:
Schere, Cutter, Pinsel

Weitere Materialien:
Kleber, Kreppklebeband, Kleister, braunes Nassklebeband (für die Schienen), Minischachteln (zum Beispiel Tee- oder Kosmetikverpackungen), Klopapierrolle, Zeitungspapier, transparentes Drachenpapier, Folienreste, Volltonfarben, dicker Filzstift, Wachskreiden, Buntstifte

Und so geht's:
Für die Berge wird Zeitungspapier geknüllt und mit Kreppklebeband auf der Pappe fixiert. Danach Zeitungsstreifen reißen und mit Kleister auf die Berge kaschieren. Wenn alles in Form gebracht wurde, lassen sich kleine Stücke Drachenpapier mit dem Kleister anbringen. Die Berge und das Meer erhalten ihre Farbigkeit nur durch das bunte Drachenpapier. Für die Gleise Nassklebeband und einen dicken Filzstift verwenden. Für den Boden und die Wiesen lassen sich Volltonfarben, farbiges Drachenpapier oder Folie verwenden. Wie die Lokomotive und die Häuser gebaut werden, wird auf der nächsten Doppelseite erklärt.

Besonderheit:
Wenn man die Häuser nicht festklebt, kann die Inselwelt gut hinter einem Schrank oder unter dem Bett verstaut werden; den Kleinkram packt man einfach in eine Kiste.

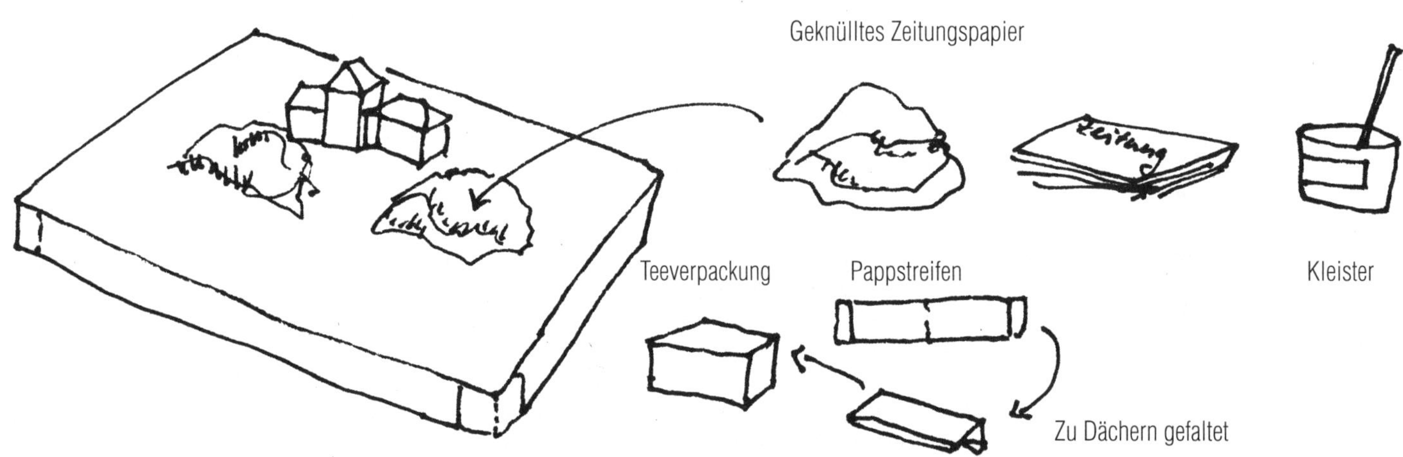

KAUFLADEN
Bahnhof

Inselwelt

Gebäude

So geht's:

Die Gebäude werden aus Minischachteln gebaut (Tee- oder Kosmetikverpackung). Für die Dächer jeweils ein längliches Stück Pappe verwenden. Dieses in Dachform falzen, an beiden Seiten eine Klebelasche abknicken und festkleben.

Lokomotive

So geht's:

Die Lokomotive besteht aus einer länglichen Teeverpackung. Diese einmal durchschneiden und einen Teil auf den anderen kleben. Der runde Teil der Lok wird aus einer Klopapierrolle gebastelt.

Bahnhof

So geht's:

Die Türme bestehen aus Pappe und werden mit halben Schaschlikspießen am Dach fixiert. Damit die Dächer und Häuserfassaden schön alt wirken, diese zuerst mit Volltonfarbe bemalen und nach dem Trocknen mit Wachskreide übermalen.

Im All - im Meer - temporär

Spielwelt:
Bei unserem temporären Spielobjekt kann es sich um alles handeln – zum Beispiel um ein Raumschiff oder ein U-Boot. Denn die Kinder befinden sich im Objekt und darum ist das „Außen" gar nicht so wichtig.

Kartonart:
große flache Pappe

Werkzeug:
Cutter, Pinsel

Weitere Materialien:
Kreppklebeband, Volltonfarbe

Und so geht's:
In die Pappe mit dem Cutter große „Gucklöcher" schneiden. Wer mag, kann die Pappe bemalen. Danach wird die Pappe an der Längs- oder auch Querseite eines Tisches angebracht. Die anderen Seiten lassen sich mit Decken oder weiteren Pappen schließen.

Besonderheit:
Dieses Objekt ist ein Beispiel dafür, dass man mit ganz einfachen Mitteln Orte für Kinder erschaffen kann, in denen sie mit ihrer Fantasie eigene Welten kreieren. Und manchmal werden diese Welten auch von anderen Familienmitgliedern genutzt.

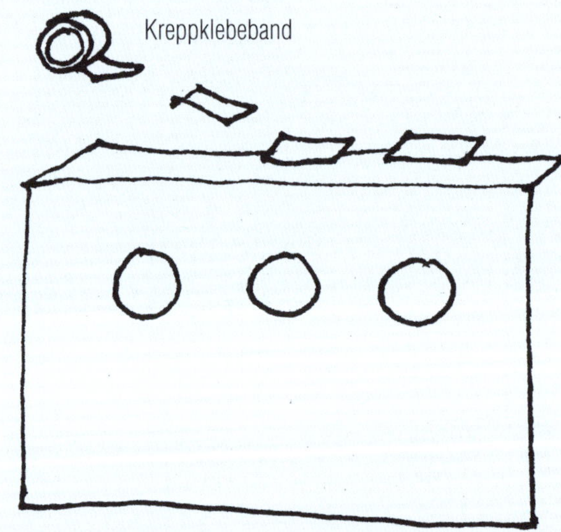

Die Pappe wird mit Kreppklebeband am Tisch festgeklebt

Kiosk · temporär

Spielwelt:

Hier zwei weitere Beispiele, welche Spielwelten sich aus einer großen rechteckigen Pappe und einem Tisch bauen lassen. Auf dieser Seite: Ein Kiosk! In die Pappe Fenster schneiden und auf die Vorderseite alles schreiben, was man im Kiosk kaufen kann. Im Inneren (also unter dem Tisch) befinden sich die Waren, zum Beispiel Spielzeuge, Kekse oder Schokolade, gemalte Bilder oder im Garten gepflückte Blumensträuße. Der Kiosk kann natürlich auch im Garten stehen.

Polizeistation · temporär

Spielwelt:
Die Polizeistation ist für kleine Kinder gedacht. Hier können Polizeiautos parken oder Puppen und Stofftiere verhört werden. Wer in seiner Polizeistation auch eine Zelle braucht, der klebt dünne Hölzer vor die Fenster.

Hängeregal

Spielwelt:
Diese Idee ist von den klassischen Setz-
kästen inspiriert. In jedem Kinderzimmer finden sich jede Menge kleine Dinge, die gesammelt werden wollen. Hier
ein Vorschlag, wie man sie unterbringen
kann.

Kartonart:
3 Sahnebecherschachteln

Werkzeug:
Schere, Lochbohrer, Pinsel

Weitere Materialien:
Schnur, Volltonfarbe

Und so geht's:
In die Längsseiten der Kartons rechts
und links Löcher bohren und mit gleich
langen Schnüren verbinden. Damit das
Regal stabil ist, werden die Schnüre
mehrfach verknotet.

Besonderheit:
Für diese Idee braucht man eigentlich
nur ein bisschen Schnur – und für die
Sahnebecherschachteln einen Supermarkt in der Nähe.

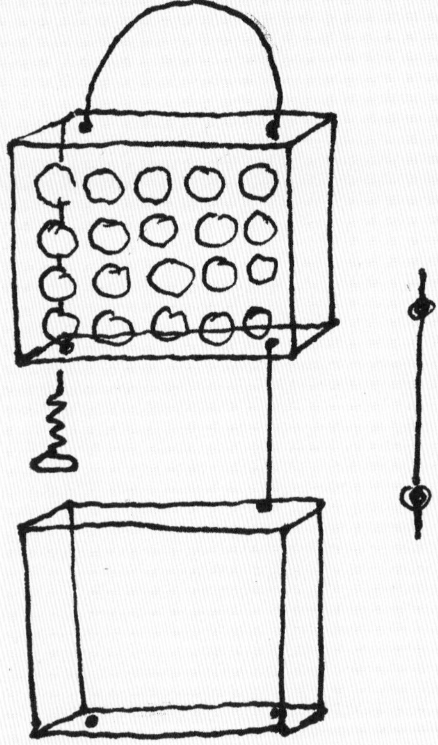

Mit dem Lochbohrer werden die
Löcher an der Unter- und Oberseite gebohrt.

Peace-Haus

Spielwelt:
Ein Haus, in dem alles friedlich ist? Oder ein Haus, in dem alles schön und entspannt ist? Auf jeden Fall ist dies ein Ort, den Jugendliche nach ihren Vorstellungen erschaffen haben – er steht für Freiheit und Geborgenheit.

Kartonart:
3 unterschiedlich große Schachteln

Werkzeug:
Schere, Cutter, Pinsel

Weitere Materialien:
Heißkleber, Kreppklebeband, langes Pappstück, Draht, Minischachteln, Zeitungspapier, Volltonfarben, Folienreste, Marker, Wachskreiden, Buntstifte, Stoffreste, kurze Holzleiste

Und so geht's:
Die Schachteln werden mit Heißkleber übereinandergeklebt. Ein langes Pappstück wie eine Art Hülle um das Haus legen, mit Kreppklebeband fixieren und dann mit Heißkleber festkleben. Der Zwischenraum erhält als Füllung geknüllte Zeitungspapierkugeln. Die einzelnen Räume lassen sich individuell gestalten, die untere Schachtel kann mit einer Holzleiste stabilisiert werden.

In unserem Peace-Haus gibt es einen Meditationsraum, ein Badezimmer, ein Schlaf- und ein Wohnzimmer. Die „Außenhaut" ist mit Stoffresten umkleidet. Die Peace-Anhänger sind aus bemalter Pappe und Draht entstanden.

Besonderheit:
Hier ist alles flexibel! Wer möchte, kann noch mehr Schachteln für noch mehr Räume verwenden.

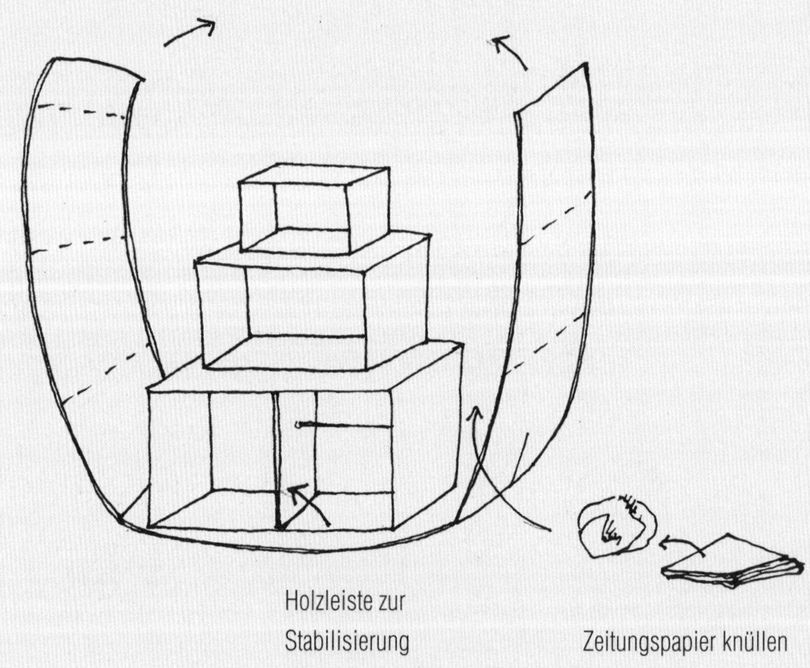

GO, GO, GIRLS
WE ♥ JEANS

K
H
sush

AUF
HAUS
bar

Kaufhaus

Spielwelt:

Im Grunde ist unser Kaufhaus wie ein Puppenhaus und kann auch so verwendet werden. Dank der Beleuchtung ist es ein tolles Spielobjekt für die Weihnachtszeit.

Kartonart:

Hälfte eines großen Stülpdeckelkartons (Größe: 60 x 100 cm), stabile Pappe

Werkzeug:

Schere, Cutter, Pinsel, Holzstück, Lochbohrer oder Dosenöffner

Weitere Materialien:

Heißkleber, Klebeband, Volltonfarbe, Minischachteln (zum Beispiel Glühlampenschachtel), Streichholzschachteln, Wachskreide, Schnur, Lichterkette, Knete, Stoffreste, Schaschlikspieße, Basteldraht, Stecknadeln

Und so geht's:

Für die Zwischenetagen die Tiefe und Breite des Stülpdeckelkartons abmessen, dann die Zwischenetagen so zuschneiden, dass man an beiden Seiten Klebelaschen erhält (siehe Skizze). Das Dach ebenfalls aus Pappe zuschneiden und mit Klebelaschen auf der Oberseite des Stülpdeckelkartons befestigen. Die Zwischenetagen mit Heißkleber festkleben. Für den Fahrstuhl wird auf jeder Etage mit dem Cutter ein Quadrat ausgeschnitten.

Wir haben für die Fahrstuhlkabine eine Glühlampenschachtel verwendet. Für den „Schnur-Aufzug" in die Oberseite der Fahrstuhlkabine und in die Oberseite des Stülpdeckelkartons ein Loch bohren.

Mehr Details auf der nächsten Doppelseite.

Besonderheit:

Zwei Besonderheiten hat dieses Kaufhaus: den Aufzug und die LED-Beleuchtung. Mit der Lichterkette erhält das Kaufhaus seinen ganz eigenen Charme. Die Beleuchtung macht viel her und ist einfach mit etwas Klebeband anzubringen – man benötigt nur eine Steckdose. Achtung: Nicht für ganz kleine Kinder geeignet.

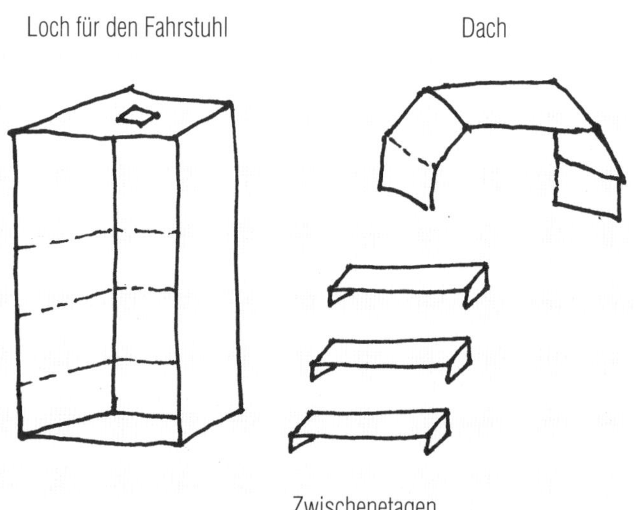

KAUF
HAUS
sushi bar
Thai Chef Shrimp "Tom Yum"
RENOVIERUNGS-
STOCKWERK
(HERRENABTEILUNG)

Kaufhaus

Eingangsbereich

So geht's:
Da wird die Bonuskarte zur Tresentafel und ein Schaschlikspieß samt der Pappe zum Infoschild.

Tresen

So geht's:
Für den Tresen eine schmale Schachtel verwenden, die gefalteten Kleider sind aus verschiedenen Stoffresten geschnitten und aufgeklebt. Mit Stecknadeln lassen sich bunte Streichholzschachteln oder Drahtkunstwerke feststecken.

Kleider und Bügel

So geht's:
Die Kleider entweder zweimal zuschneiden und an den Bügel kleben. Oder man lässt an der Oberseite einen längeren Steg, knickt diesen um den Bügel und klebt ihn an der Rückseite fest. Die Bügel sind aus Basteldraht geformt.

Fahrstuhl

So geht's:
Damit der Fahrstuhl in allen Etagen halten kann, auf jeder Ebene ein Rechteck in entsprechender Größe mit dem Cutter ausschneiden. An der Oberseite der Fahrstuhlkabine wird eine Schnur befestigt und durch ein Loch im Dach gezogen. Es ist natürlich auch möglich, einen richtigen Fahrstuhlschacht zu bauen. Wer das möchte, kann seitlich und hinten beim ausgeschnittenen Rechteck Pappstreifen befestigen.

Teezeremonie

Spielwelt:
Manchmal braucht es nicht viel, um in eine andere Welt einzutauchen. Kinder lieben es, sich mit anderen Kulturen zu beschäftigen. Die Teezeremonie ist ein schönes Beispiel dafür, wie uns ein Pappkarton nach Asien bringt.

Kartonart:
flacher Versandkarton

Werkzeug:
Pinsel

Weitere Materialien:
Volltonfarben

Und so geht's:
Der Versandkarton wird so aufgestellt, dass die Verschlussklappen geöffnet bleiben und auf dem Boden aufliegen. Hier wurde als Grundfarbe ein Holzton gewählt, für die japanischen Verzierungen wurde Pink verwendet. Wer möchte, kann natürlich auch komplizierte Bemalungen erfinden, wie zum Beispiel einen Drachen.

Besonderheit:
Lange Teezeremonie – kurze Bauzeit.

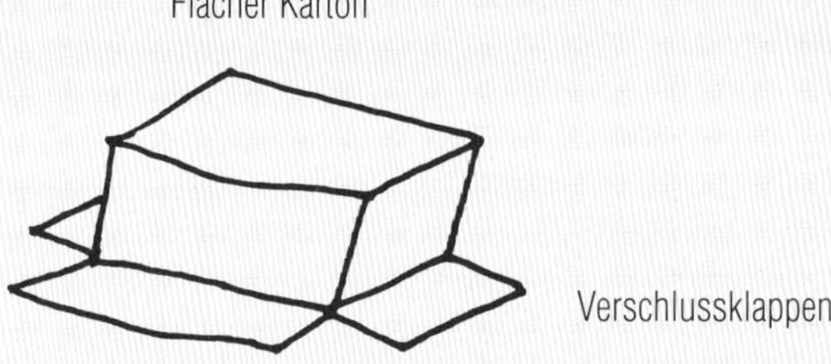

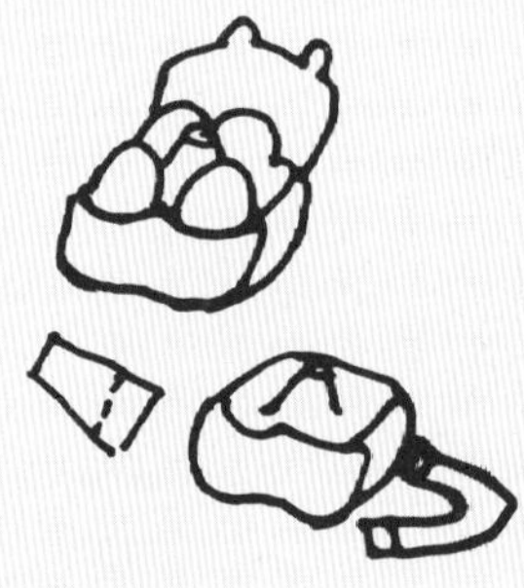

Teekanne:
Eierkarton (für vier Eier),
stabile Pappe für den Griff und
die Tülle

Kaktus-Garderobe

Spielwelt:
Für alle, die mal ein richtig großes Objekt bauen möchten. Der Kaktus kann als Spielkulisse dienen oder als Garderobe.

Kartonart:
2 ineinanderpassende längliche Verpackungskartons (zum Beispiel von Lampen)

Werkzeug:
Cutter, Pinsel

Weitere Materialien:
Heißkleber, Pappe, Pappreste, dicker Filzstift, Volltonfarbe, Schnur

Und so geht's:
Die Kartons ineinanderstecken, wobei der innere Karton maximal nach oben geschoben wird. Damit der innere Karton nicht wieder nach unten sinkt, Pappreste in den Zwischenraum der Kartons schieben. Die vorderen Klappen des unteren Kartons abschneiden und die beiden seitlichen Klappen durch festgeklebte Pappwinkel an der Unterseite stabilisieren. In die seitlichen Klappen werden die zwei „Kaktusohren" gesteckt, die man vorher aus fester Pappe zuschneidet.

An den seitlichen Klappen des oberen Kartons Schnur verknoten und mit den „Kaktusohren" verbinden, damit diese stabil stehen bleiben.

Zum Schluss den Kaktus grün anmalen und mit einem dicken Filzstift jede Menge Stacheln zeichnen.

Besonderheit:
Sollte der Kaktus mal unerwünscht sein, können alle Teile ineinandergeschoben und platzsparend verstaut werden. Oder man baut aus dem Kaktus ein neues Objekt, zum Beispiel ein Krokodil (Seite 124 bis 125).

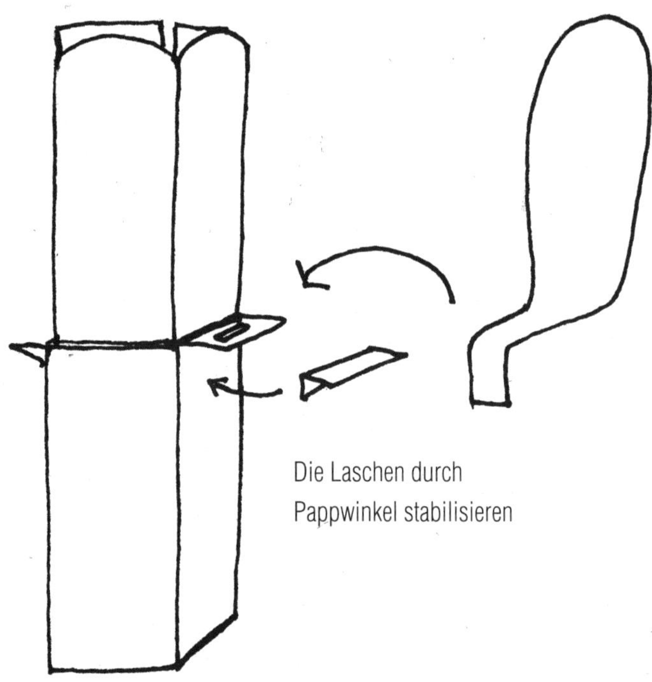

Zukunftshaus

Spielwelt:
Das Thema war: Wie stellt ihr euch euer Haus in der Zukunft vor? Wie würde mein Haus aussehen, wenn ich entscheiden könnte?

Kartonart:
2 Kartons aus dem Supermarkt

Werkzeug:
Schere, Cutter

Weitere Materialien:
Heißkleber, Bastelleim, Kreppklebeband, Korken, Schlauch, weitere Recyclingmaterialien

Und so geht's:
Beide Kartons werden übereinandergeklebt. Den oberen Karton so einschneiden und aufklappen, dass eine Art Flügel entstehen. Dadurch erhält der Raum mehr Offenheit und wirkt wie eine Terrasse. Die Tische und Bänke sind aus Pappstreifen zusammengesetzt und mit Heißkleber angeklebt. Achtung, die kleinen Möbel werden mit Heißkleber zwar sehr stabil, man verbrennt sich beim Basteln aber auch schnell die Finger. Deswegen: Lieber Bastelleim verwenden. Mehr zu Pappverbindungen auf Seite 142.

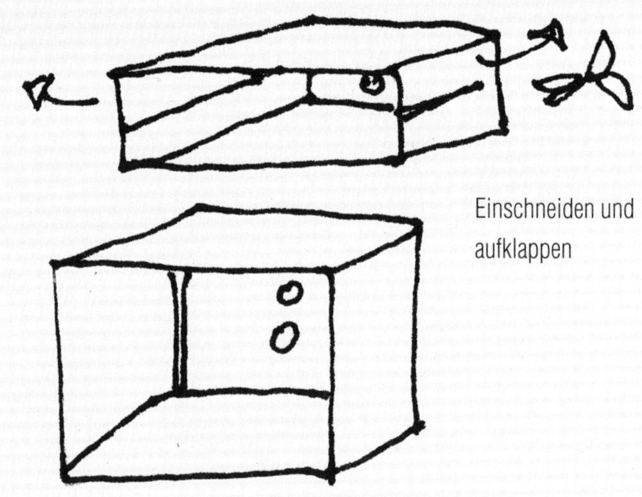

Einschneiden und aufklappen

KAR 697 117437

Waschmaschine

Spielwelt:
Wäsche rein, Waschpulver einfüllen, Temperatur einstellen – waschen. Und wenn es piepst, den Knopf drücken und alle Wäsche entnehmen.

Kartonart:
stabiler Faltkarton

Werkzeug:
Schere, Cutter, Pinsel

Weitere Materialien:
Heißkleber, kleine Schachtel, Volltonfarben, Kronkorken, Stoffreste

Und so geht's:
Zuerst wird die runde Öffnung geschnitten. Achtung, auf der linken Seite einen Steg stehen lassen! Für das Waschpulverfach die Größe der kleinen Schachtel auf den großen Karton übertragen, mit dem Cutter eine passgenaue Öffnung schneiden und die kleine Schachtel da hineinstecken. Die Öffnung darf nicht zu groß sein, sonst fällt die Schachtel gleich nach innen. Danach alles anmalen und die Kronkorken als Schalter ankleben.

Besonderheit:
Noch mehr Haushalt gibt's auf den Seiten 14 bis 15 und 126 bis 127.

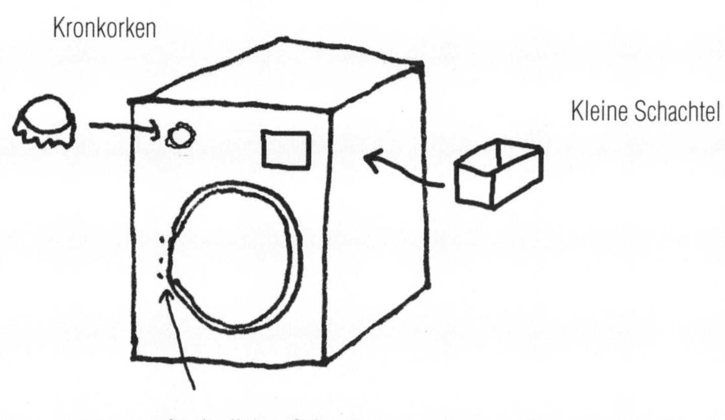

STAEDTLER Lumocolor
1
2
3
4
5
6

Im Kreis zu beschriften, ist gar nicht so einfach.

Natürlich baue ich eine vollautomatische Kaffeemaschine – was sonst?!

Bastellandschaft für Kindergeburtstage

Spielwelt:
Eine tolle Idee, wenn man weiß, dass bastelfreudige Geburtstagsgäste kommen werden. Die Bastellandschaft kann sich dem Thema des Kindergeburtstags anpassen – vom Ritter- bis zum Feenland.

Kartonart:
tischgroße Pappe

Werkzeug:
Schere, Cutter

Weitere Materialien:
Heißkleber, bunte Tapes, Wachskreiden, Papier- oder Stoffreste

Und so geht's:
Die Kinder einigen sich erst einmal auf das Thema, das die Landschaft haben soll. Dann können alle Kinder ihre eigenen Objekte auf Pappe zeichnen und ausschneiden. Gemeinsam wird überlegt, wo die Menschen, Häuser, Bäume festgeklebt werden und was sonst noch zu der Landschaft gehören könnte.

Die Bastellandschaft ist eine schöne Erinnerung für das Geburtstagskind und kann später, wenn alle Gäste gegangen sind, in Ruhe bespielt werden.

Weitere Beispiele für Bastellandschaften zeigen die nächsten beiden Doppelseiten.

IO-
GAV

Wappen-
Strumpf

BALL

Kegelbahn

Spielwelt:
Die Kegelbahn kann man drinnen und draußen benutzen. Wenn es windig ist, funktioniert sie draußen allerdings weniger gut – das ist so ähnlich wie beim Tischtennis.

Kartonart:
breiter Karton mit geringer Tiefe

Werkzeug:
Schere, Cutter, Pinsel

Weitere Materialien:
Wasserfarben, Pappe

Und so geht's:
Der Karton wird mit Wasserfarben bemalt. Wir haben als Motiv eine Kegelbahn gewählt. Die Kinder können aber auch andere Motive erfinden, vor denen sie ihre Kegel aufstellen möchten. Die Kegelfiguren werden auf stabile Pappe gezeichnet und mit einem Cutter ausgeschnitten. Jeden Kegel ein Stück länger schneiden, die Standfläche an der Unterkante mit dem Cutter leicht anritzen und nach hinten knicken.

Besonderheit:
Wer möchte, kann anstatt der Pappkegel auch Kunststoffflaschen verwenden.

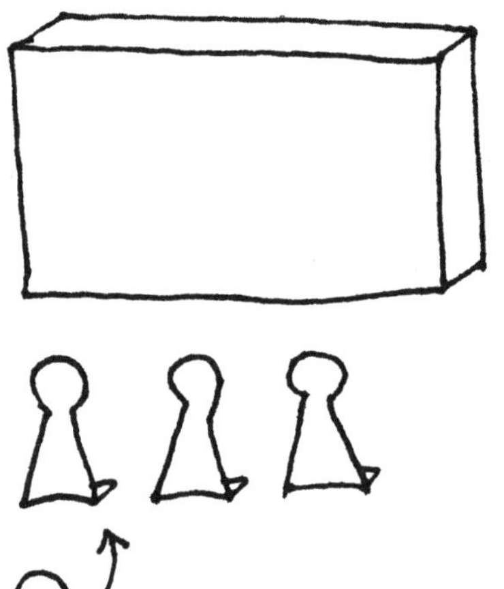

Breiter Karton mit geringer Tiefe

Pappkegel anritzen und umklappen

Oder Flaschen als Kegel verwenden!

Trauminseln

Spielwelt:
Verschiedene Trauminseln in einem Objekt: Wo wäre ich gerne, wie müsste das Land beschaffen sein, in dem ich gerne leben würde? Hier können die Kinder ihre Trauminseln erfinden.

Kartonart:
Karton, stabile Pappröhre

Werkzeug:
Schere, Cutter, Pinsel

Weitere Materialien:
Flüssigkleber, Nassklebeband, Pappreste, Zeitungspapier, Seidenpapier zum Verzieren, Volltonfarben, Filzstifte, Steine oder Decken

Und so geht's:
Für die Pappröhre mit dem Cutter eine entsprechend große Öffnung in den Karton schneiden. Den Karton mit Steinen oder Decken füllen. Für die verschiedenen Inseln werden unterschiedlich große Pappkreise mit der Schere oder dem Cutter gefertigt. Jeder Pappkreis erhält ein Loch, damit er sich auf die Pappröhre stecken lässt. Die Trauminseln anmalen. Um die Pappkreise platzieren zu können, werden dünne Pappstreifen an der gewünschten Stelle um die Röhre gewickelt und mit Nassklebeband fixiert. Nun kann jede „Inseletage" bespielt werden.

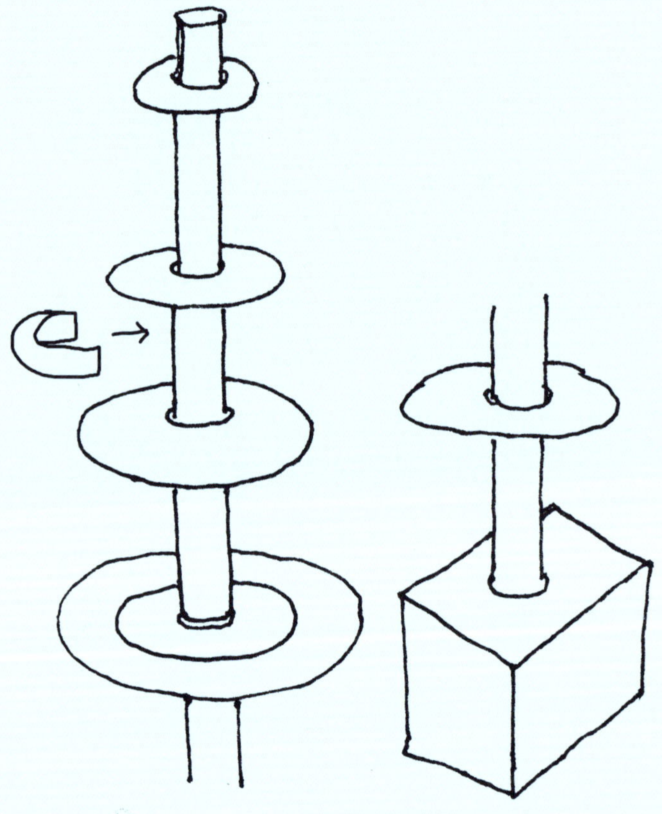

Eine Torte bastle ich lieber aus Knete, die lässt sich irgendwie besser formen.

Wurfscheibe

Spielwelt:
Ein super Wurfspiel für drinnen und draußen. Und auch das Bauen finden viele Kindern schon spannend.

Kartonart:
stabile Pappe

Werkzeug:
Schere, Cutter, Pinsel

Weitere Materialien:
Heißkleber, Kreppklebeband, buntes Tape, Volltonfarbe, Marker, Klettband, Stoffreste, Haushaltsgummis

Und so geht's:
Die Wurfscheibe mit verschiedenen Zielfeldern bemalen und mit Tape bekleben. Jedes Wurffeld wird passgenau mit einem Stück Klettband beklebt (mit der rauen Seite). Den Ball aus einem Stück Stoff formen, mit zwei, drei Haushaltsgummis umspannen. Dann den Ball mit zwei langen Klettbändern (softe Seite) umwickeln, die Bänder mit Heißkleber fixieren.

Besonderheit:
Der Einsatz von Klettband! Das ist in jedem Fall ein Objekt, das auch großen Kindern richtig Spaß macht.

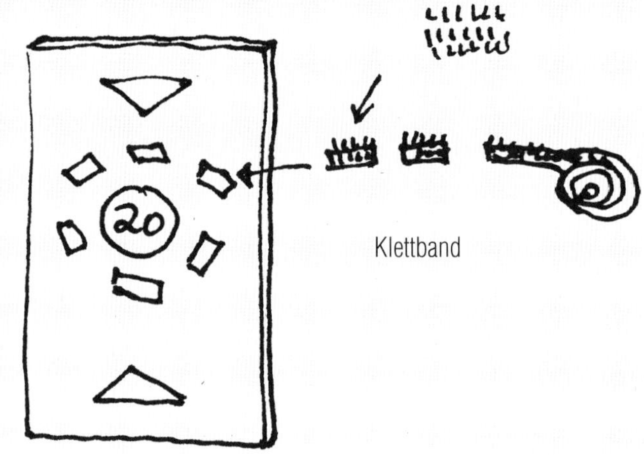

Klettband

Stabile Pappe

Stoffball mit Gummiband

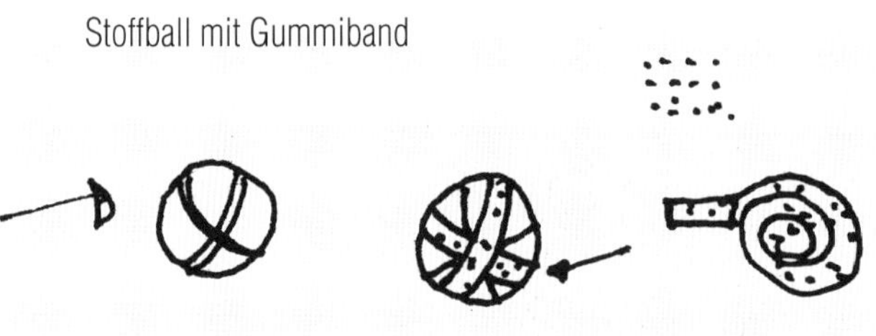

Klettband

yes
5
10
10
5
10
20
10
5

Ticket-Shop

Spielwelt:
Egal, um welche Tickets es sich handelt, Kinder lieben es, Karten zu verkaufen – Fahrkarten, Kinokarten, Zookarten... Besonders viel Spaß macht es, wenn man einen richtigen Shop dafür hat.

Kartonart:
rechteckiger Flachkarton oder ein langes Pappstück (Größe: 150 x ca. 200 cm)

Werkzeug:
Cutter, Schere

Weitere Materialien:
Kreppklebeband, dicke Filzstifte

Und so geht's:
Den Karton wie in der Skizze gezeigt zuschneiden: Es gibt ein hohes, längliches Hauptstück und ein breites Querstück, das mehrmals leicht mit dem Cutter angeritzt und dann als Zickzackfalz aufgestellt wird.

Unser Ticket-Shop hat außerdem einen Automaten, um Tickets zu ziehen: Den Automaten aufmalen und die Schlitze für die EC-Karte oder die Münzen mit dem Cutter einschneiden. Damit das längliche Hauptstück des Shops stabil ist, kann man es mit Kreppklebeband an der Wand befestigen.

Besonderheit:
Ein Basic-Spielobjekt! Der Ticket-Shop lässt sich gut verstauen, indem man ihn ganz flach zusammenklappt. Außerdem ist der Ticket-Shop ein echter Allrounder. Denn er muss nicht immer Ticket-Shop bleiben, sondern kann je nachdem, was für die Kinder gerade von Interesse ist, alles werden: Pizzaladen, Eisbüdchen, Kiosk ...

Mit dem Cutter leicht ritzen

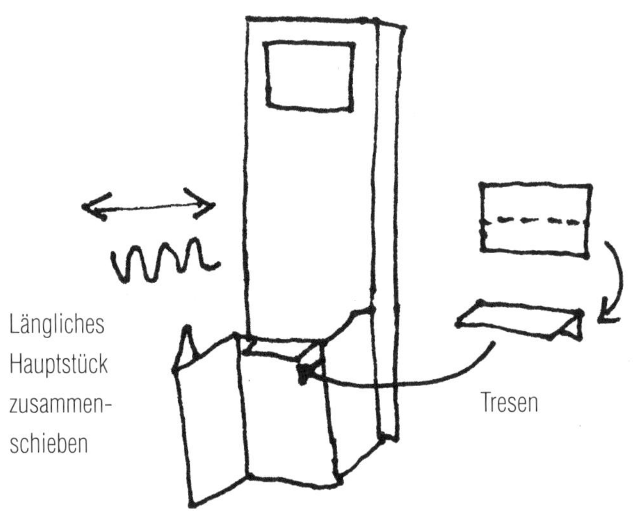

TiCKETS
TiCKETS

Foto-Box

Spielwelt:
Echte Bilder inbegriffen! Wer sich eine Foto-Box baut, hat die Wahl: Entweder ist man Fotograf (also Zeichner) und zeigt seine Portraitkünste. Oder man lässt sich „fotografieren" und ist ganz überrascht, wie gut man plötzlich aussieht.

Material:
Schachtel mit Klappen (Größe: ca. 26 x 30 cm), eine flache Obstkiste in etwa gleichem Format

Werkzeug:
Schere, Cutter

Weitere Materialien:
Heißkleber, Minischachtel, Glitzerverpackungen von Pralinen, 4 Holz-Eisstäbe, Pappreste, Sonnenschutz/Spion-Spiegel(klebe)folie

Und so geht's:
Die Schachteln mit ihren Rückseiten gegeneinanderstellen. Eine rechteckige Fläche in das Innere der Schachtel zeichnen und mit dem Cutter ausschneiden. Dieses Rechteck auf die Obstkiste übertragen und ebenfalls ausschneiden. An

diese Stelle wird später die Spion-Spiegelfolie geklebt. Die Glitzerverpackungen sind die Blitzlichter!

Weitere Details auf der nächsten Doppelseite.

Besonderheit:
Alle möglichen Funktionen sind denkbar. Man muss nur darauf achten, dass der Zeichner sieht, was der Kunde gerne möchte. Das könnte sein: Farbfoto oder Schwarz-Weiß-Aufnahme? Oder lieber „Foto verschönern", „Gesicht straffen" oder „Bitte mit Runzeln"?

Schlitz in beide Schachteln schneiden

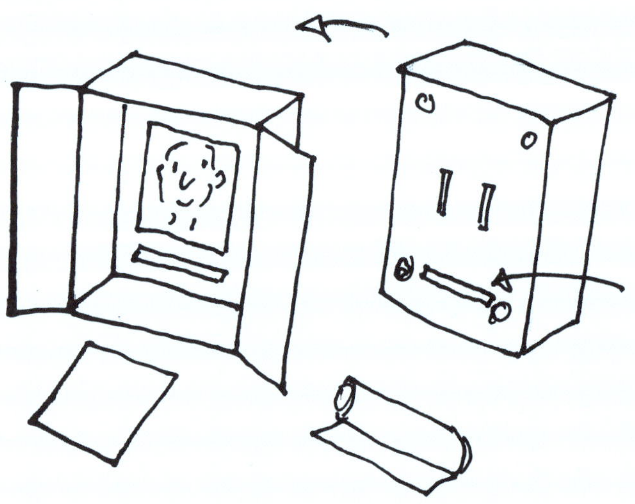

029
FARBE
FOTO
BOX
5,-
EURO
EC-CARD / VISA

Foto-Box

Fotoabzug

So geht's:
Unter dem Rechteck mit dem Cutter einen schmalen Schlitz schneiden, sodass ein A5-Blatt längsseitig durchgeschoben werden kann. Diesen Schlitz wieder auf die andere Schachtel übertragen und ausschneiden.

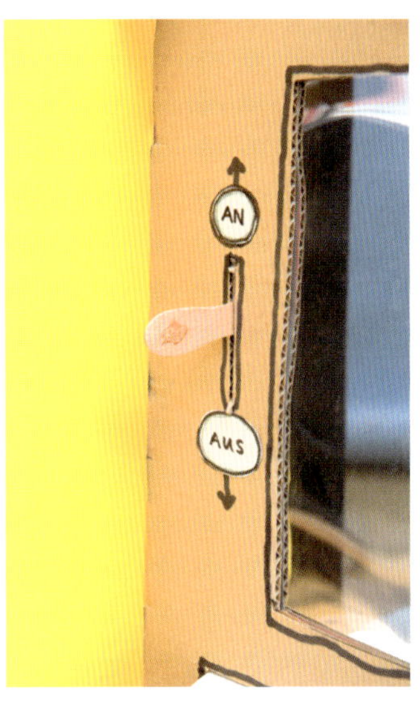

AN – AUS

So geht's:
Jetzt lassen sich alle Arten von Hebeln und Schaltern bauen. Dafür einen Schlitz schneiden (längs oder quer) und einen Holz-Eisstab einsetzen. Die Beschriftung für die gewünschte Funktion sollte auf beiden Seiten stehen, damit der Zeichner weiß, was gewünscht wird. Achtung, die Beschriftung ist dann immer gegengleich!

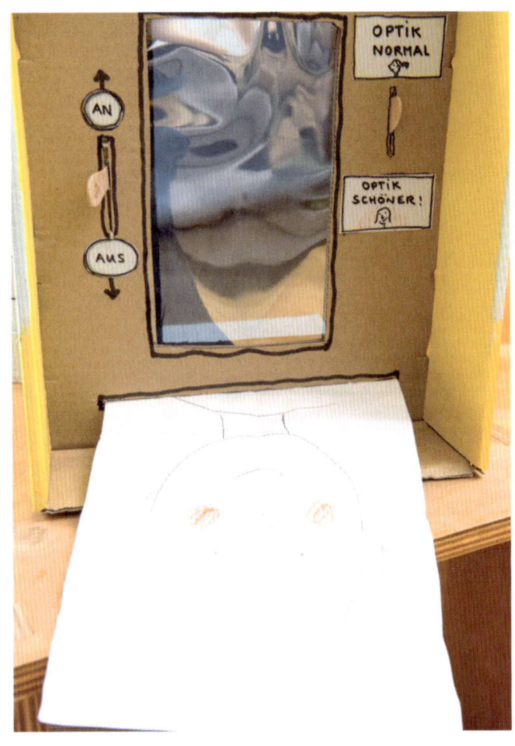

5,- Euro

So geht's:
Den Geldschlitz mit dem Cutter ausschneiden – und ein Schild malen, wie viel die Fotos kosten. Hinter dem Geldschlitz ist eine kleine Pappschachtel festgeklebt, um das Geld aufzufangen. Man kann auch einen Schlitz für die EC-Karte ausschneiden und dazu die Tastatur aufmalen.

Standort

So geht's:
Um bequem mit der Foto-Box spielen zu können, stellt man sie am besten auf einen Hocker oder einen kleinen Beistelltisch.

Pferd

Spielwelt:
Es gibt Zeiten, da möchte (fast) jedes Kind reiten. Für die kleinen Reiter und Reiterinnen ist unser Papppferd gedacht.

Kartonart:
stabile Pappe

Werkzeug:
Cutter, Lochbohrer

Weitere Materialien:
2 Stühle, dicker Filzstift, Schnur

Und so geht's:
Der Pferdekörper wird mit einem dicken Filzstift auf Pappe gezeichnet und ausgeschnitten. An der Unterkante Löcher bohren und die Schnur durchfädeln. Dann die Stühle zusammenstellen. Die Stühle an der einen Seite mit dem Pferdekörper umspannen und an der anderen Seite mit der Schnur zusammenbinden. Wenn die Stabilität nicht ausreicht, lassen sich weitere Schnüre anbringen.

Besonderheit:
Die Beine können bei unserem Pferd nicht rechts und links vom Pferdekörper platziert werden. Dafür kann der Reiter bequem im Schneidersitz galoppieren.

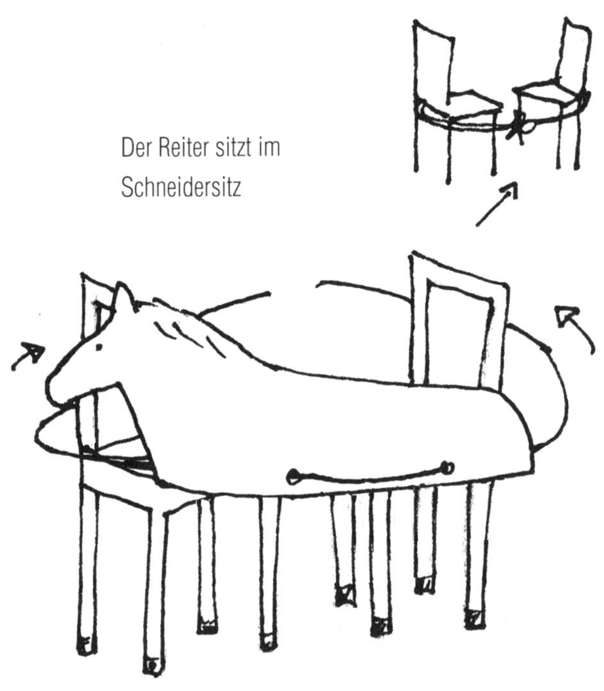

Ich mach' das selber!

Ich hab' auch schon
eine Idee, wie's geht.

Lieblingsort

Spielwelt:
Ein Ort, an dem man alles so arrangieren kann, wie es einem gefällt. Mit Dingen, die einem am Herzen liegen, mit Dekorationen und Farben, die außer einem selbst niemandem gefallen müssen. Ein Ort, der sich entwickelt und der „richtig gemütlich" ist.

Kartonart:
große Pappe (zweimal gefalzt)

Werkzeug:
Cutter, Schere, Pinsel

Weitere Materialien:
Heißkleber, buntes Tape, Obstkartons, Pappreste, Volltonfarben, Stoff, Teppich

Und so geht's:
Die Pappe wird so aufgestellt, dass eine Art Raum entsteht. Die Wände werden nach Lust und Laune bemalt. Die nächste Doppelseite zeigt ein paar Details, die den Lieblingsort noch schöner machen können.

Besonderheit:
Der Lieblingsort kann im Kinderzimmer, aber auch im Wohnzimmer stehen. Als wir den Lieblingsort für das kleinste Familienmitglied gebaut hatten, zeigte sich bald, dass auch die älteren Geschwister den Raum sehr gemütlich fanden und wie eine Art „Kuschelecke" benutzten.

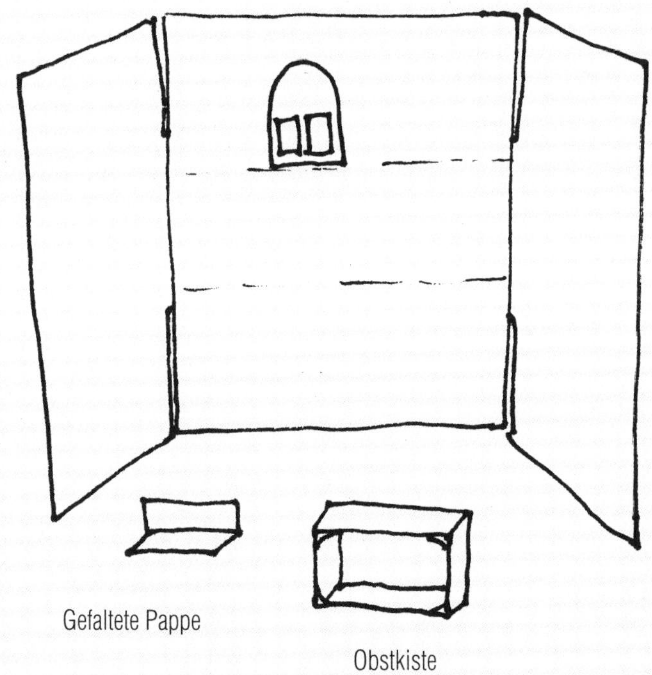

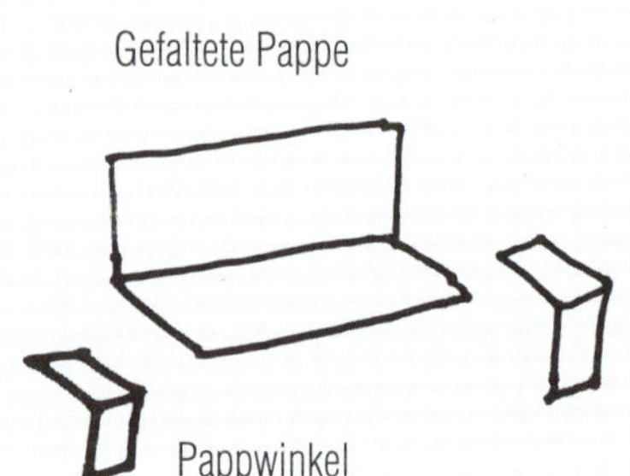
Gefaltete Pappe

Pappwinkel

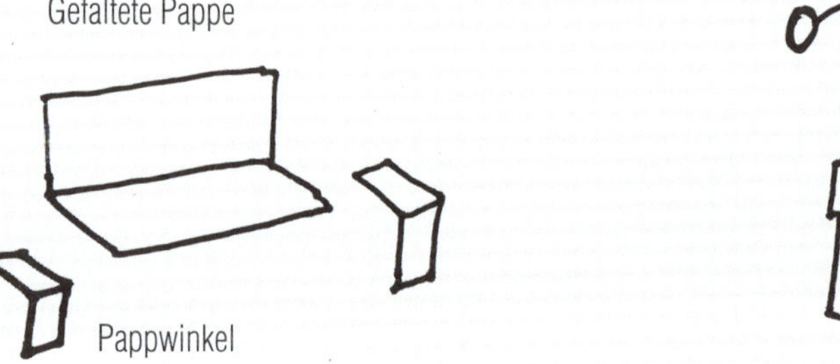
Pappobstkiste

Nägel

Regal

So geht's:
Ein längliches Stück Pappe wird mittig an der Längsseite angeritzt, geklappt und angeklebt. Damit das Regal stabil ist, an die Unterseite zwei Pappwinkel kleben.

Hängeschränkchen

So geht's:
Für das Hängeschränkchen eignet sich eine Pappobstkiste. Die Nägel werden durch die Kiste und die stabile Pappe gesteckt und können beim Zusammenfalten des Lieblingsorts einfach entfernt werden.

Fenster

So geht's:
Das Fenster und die Scheiben aufzeich-
nen. Die unteren Rechtecke komplett
mit dem Cutter ausschneiden. Die oberen Rechtecke an den Seiten und unten
einschneiden und oben nur anritzen – so
lassen sie sich öffnen und schließen.

Klar, kann ein Auto in meinem Zimmer stehen.

Hat blaue Räder und Fensterscheiben.

Der Tisch soll ganz alt aussehen … deshalb ritze ich immer rein.

WELTEN-WORKSHOP

Planung:
Für den Workshop gibt es zwei Möglichkeiten: Entweder die Kinder bauen jeweils ein eigenes Objekt (zum Beispiel ein Zukunftshaus oder ein Gerät) oder sie bauen zusammen an einem großen Projekt.
Das Thema muss klar sein, damit die benötigten Materialien (und vielleicht auch Ideen) schon im Vorfeld da sind.

Kartonart:
Einzelobjekt: Jedes Kind erhält einen ähnlich großen Karton
Gemeinschaftsobjekt: Große Pappe, kleine Pappen und Minischachteln

Werkzeug:
Schere, Pinsel
(Heißkleber und Cutter können ebenfalls verwendet werden. Allerdings müssen die Erwachsenen, die den Workshop leiten, selbst die Gruppe und die Fähigkeiten der Kinder einschätzen.)

Weitere Materialien:
Flüssigkleber, Wasserfarben, buntes Tape, Stoff, Recyclingmaterialien

(Am besten füllt man die verschiedenen Materialien und Werkzeuge in kleine Schachteln, damit sie für die Kinder gut ersichtlich sind und auf dem Tisch oder Boden hin- und hergereicht werden können.)

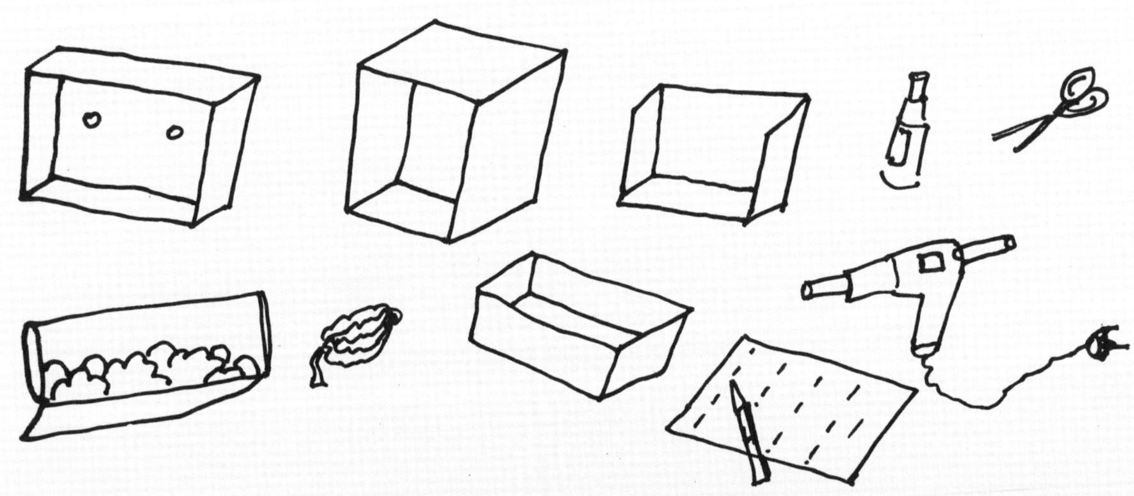

Und so geht's:

Am Anfang wird erst einmal erzählt, was gebaut wird. Vielleicht hat man ein Buch zur Hand, das Anregungen zum Thema bietet. Wichtig ist, dass der zeitliche Rahmen (ca. 1,5 bis 3 Stunden) zum Objekt passt, damit die Kinder ihr Projekt abschließen können. Wenn es zum Beispiel um eine Fantasielandschaft (Seite 64 bis 69) geht, dann wird jedes Kind kleine Objekte gestalten und sie auf die große Grundpappe kleben. Hier spielt der Zeitfaktor keine so große Rolle, da man ja zusammenarbeitet. Bei den Einzelobjekten ist das anders, jedes Kind möchte sein Projekt fertig gestalten.

Es wird immer Kinder geben, die nicht genau das bauen möchten, was vorgegeben ist. Am besten man lässt sie, es soll ja Spaß machen. Meistens befruchten solche kleinen „Ausreißer" die Gruppe. Einzige Vorgabe sollte sein: Ihr müsst mit den Materialien zurechtkommen, die da sind. Kleines Alltagsmaterial kann natürlich von den Erwachsenen nachgeliefert werden.

Besonderheit:

Für die Erwachsenen, die den Workshop leiten, gilt: Immer schön gelassen bleiben. Alle Kinder im Blick behalten, aber machen lassen. Sich an allen Ideen erfreuen, die ins Projekt gebracht werden – ein Lob an alle Bastler am Schluss hat noch jeden erfreut. Denn: An jedem gebastelten Objekt gibt es irgendetwas Schönes, man muss es nur finden. Das ist die Aufgabe.

Fisch-Box

Spielwelt:

Nicht nur etwas für kleine Kinder: Das altbekannte Angelspiel ist immer aktuell und spannend. Besonders wenn die Kinder das Spiel selbst gebaut haben.

Kartonart:

flacher Karton

Werkzeug:

Schere, Cutter, Tacker

Weitere Materialien:

Flüssigkleber, stabiles Papier, farbiges Transparentpapier, Farben zum Anmalen, dünner Filzstift, Buntstifte, Minimagnete, Schnur, 4 dünne Holzstäbe

Und so geht's:

Zuerst werden die Kartonlaschen abgeschnitten, dann Meeresbewohner aufgemalt und einige Wellen mit einem Cutter geschnitten (das macht ein Erwachsener). Die Wellen von innen mit blauem Transparentpapier bekleben. Die zu angelnden Fische, Meerestiere und Schätze auf stabiles Papier zeichnen. Danach werden alle Zeichnungen ausgeschnitten und mit zwei Tackerklammern versehen. Für die Angel dünne Holzstäbe verwenden, ein Stück Schnur anknoten und den Minimagneten festbinden.

Besonderheit:

Die Fische und Gegenstände mit Zahlen oder Punkten versehen, dann können die Kinder Punkte sammeln: Wer ergattert wohl die meisten Punkte mit dreimal Angeln?

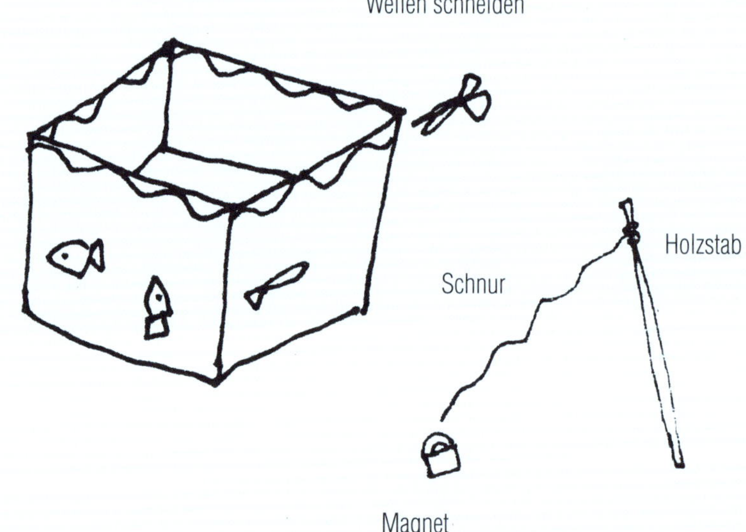

Geburtstagsladen

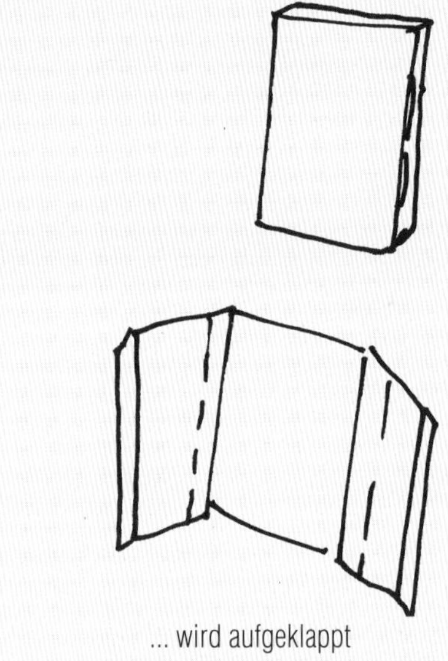

... wird aufgeklappt

Spielwelt:

Eine Idee für den Kindergeburtstag. Alle Kinder bauen aus einer Buchversandtasche einen Laden. Das Geburtstagskind bekommt am Anfang den Geburtstagsladen von den Eltern geschenkt – der Geburtstagsladen dient dann als Anschauungsobjekt für alle.

Kartonart:

Buchversandtasche

Werkzeug:

Schere, Cutter

Weitere Materialien:

Flüssigkleber, Heißkleber, buntes Tape, Pappreste, Minischachteln, Wachskreiden, Filzstifte, Knete und/oder Süßigkeiten

Und so geht's:

Die Versandtasche aufstellen. Für die Regalbretter werden kleine Pappreste verwendet. Fenster und Türen werden mit dem Cutter geschnitten (ein Erwachsener hilft). Und dann lassen sich die Läden mit allem dekorieren, was sich auf dem Basteltisch befindet.

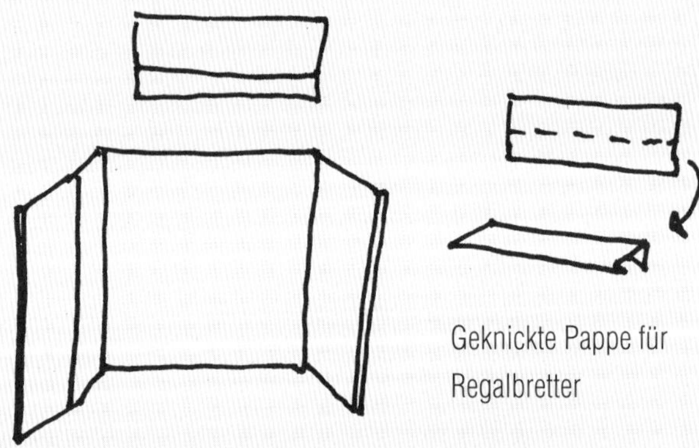

Geknickte Pappe für Regalbretter

Besonderheit:

Unser Geburtstagsladen ist ziemlich „basic". Er diente wirklich als Geburtstagsladen-Vorlage für einen Workshop und ist deshalb nicht so schön verziert wie die damals entstandenen Läden. Die Läden der Gästekinder sahen viel schöner aus!

ELLAS GEBURTSTAGS-
LADEN

Malst du das noch alles an?

JA!

Ganz schön viel Arbeit!

Zoo to go

Spielwelt:
Wo leben die vielen kleinen Stofftiere, die man im Kinderzimmer so findet? Natürlich im Zoo! Das Gute daran? Wenn man keine Lust mehr hat zu spielen, dann dient der Zoo gleich als Aufbewahrungskarton für die Tiere.

Kartonart:
Karton eines Flachbildschirms

Werkzeug:
Schere, Cutter, Pinsel

Weitere Materialien:
Heißkleber, Pappe, Volltonfarben, Stoffreste, Äste, Steine

Und so geht's:
Die Kartonschachtel wird aufgeklappt, der obere Teil dient als Hintergrund, im vorderen Teil werden die Gehege gebaut. Für die Gehege schmale Pappstreifen mit Klebelasche zuschneiden. An der Klebelasche werden die Streifen am Karton festgeklebt. Auf diese Art lassen sich so viele Unterteilungen gestalten, wie man möchte. Für das Affengehege haben wir Äste verwendet. Die Bäume sind aus Pappe geschnitten, mit Stoff beklebt und mit einer Klebelasche befestigt. Alle Bäume können so geklappt werden, dass man den Karton wieder schließen kann.

Besonderheit:
Der Zoo ist Spielobjekt und Verpackung zugleich.

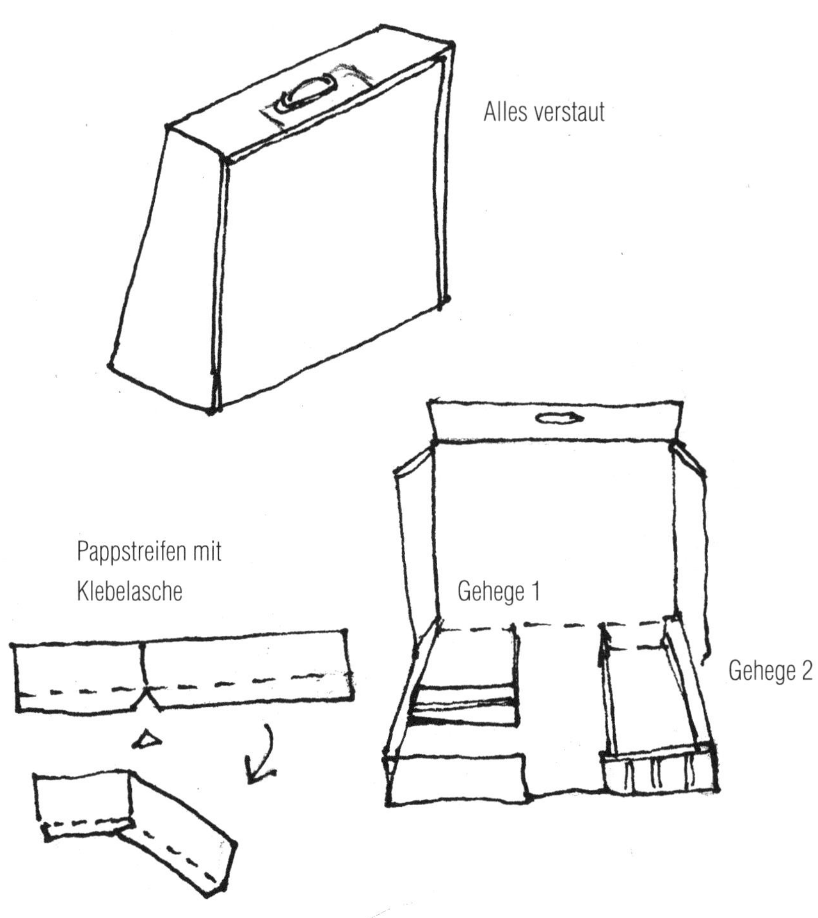

Giraffen

Tierarzt

Spielwelt:
Ganz gleich, ob Puppen oder Tiere ver-
arztet werden müssen: In beiden Fällen
braucht man einen OP-Tisch, um Ver-
bände anzulegen und Spritzen geben zu
können. Unser OP-Tisch besitzt auch ein
Röntgengerät.

Kartonart:
länglicher Karton, lange stabile Pappe

Werkzeug:
Schere, Cutter, Pinsel

Weitere Materialien:
Heißkleber, buntes Tape, Innenpappen
von Elektrogeräten, Minischachteln,
Volltonfarben, Verbandsmaterial

Und so geht's:
Ein langes Pappstück wird an den Seiten
angeritzt, nach unten geklappt und mit
Heißkleber mit Hilfe von Pappstücken
festgeklebt. Danach diese Pappe auf dem
länglichen Karton festkleben und bemalen. Das ist der OP-Tisch. Das Röntgengerät ist am Kopfende befestigt, hier
wurde ein Pappstück aus dem Supermarkt verwendet, das schon eine rechteckige Aussparung besaß. Auch die
kleine Durchsicht an der linken Seite ist
ein Fundstück. Denn bei diesem Projekt
kann alles verwendet werden, das zu
einem echten OP-Tisch oder einer Tier-
arztpraxis passt.

Besonderheit:
Wenn die Kinder ein Röntgengerät bau-
en, können sie dazu auch Röntgenbilder
zeichnen: Wird der Kopf des Tiers ge-
röntgt, dann sieht man die Schädel-
knochen, beim Bein den Oberschen-
kelknochen usw.

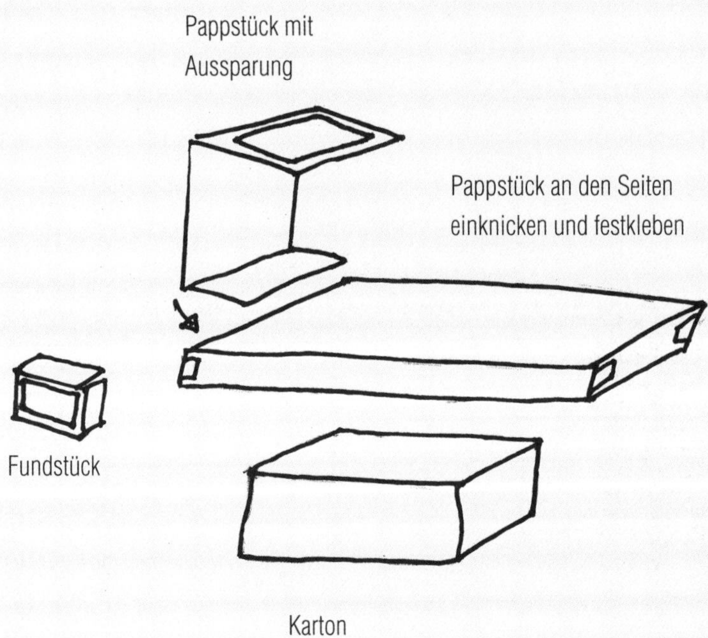

VERBAND
Tier
BOX

Friseursalon

Spielwelt:
Friseursalon, Kosmetikstudio, Thai-Massage, Nagelstudio – alles ist möglich, wenn Kinder Spaß daran haben. Exemplarisch bauen wir den Friseursalon. In dieser Art kann man alles andere ebenfalls gestalten und damit spielen.

Kartonart:
großer stabiler Faltkarton, schmale Schachtel mit Unterteilungen

Werkzeug:
Schere, Pinsel

Weitere Materialien:
Heißkleber, Flüssigkleber, buntes Tape, Pappen für Rückwand und Oberseite, Minischachtel (zum Beispiel Teeverpackung), kleine Plastikflasche für den Fön, dickes Papier, wasserfester Filzstift, wasserfeste Folie, Spiegelfolie, kleine Mosaiksteine, Fahrrad-Klemmleuchte, Reststoffe für die Minihandtücher, Stecknadeln, Korken, Zahnstocher, Puddingbecher-Deckel, Schnürsenkel oder Schnur

Und so geht's:
Die Rückwand wird mit Heißkleber an der Kartonrückseite festgeklebt. Auf der Kartonoberseite eine etwas breitere Pappe befestigen und seitlich vesetzt

die schmale Schachtel mit den Unterteilungen anbringen. Jetzt werden alle Folien aufgeklebt. Wenn die Kinder die Folien aufkleben möchten, sollte man kleine Stücke zuschneiden und diese von den Kindern dicht aneinanderkleben lassen. Neben die Spiegelfolie wurden mit Flüssigkleber kleine Mosaiksteine befestigt.

Mehr Details auf der nächsten Doppelseite.

Besonderheit:
Da man beim Friseur gerne mit Wasser arbeitet, wurde dieses Spielobjekt mit einer wasserfesten Folie versehen – so können ihm Wasser und Shampoospritzer nichts anhaben.

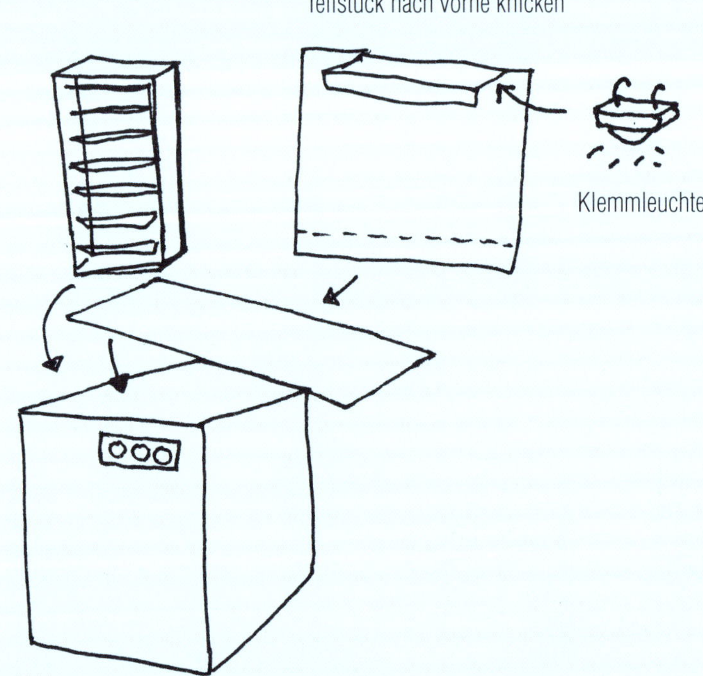

Shampoo
BRAUN
82

Friseursalon

Stecker und Steckdose

So geht's:
Der Fönstecker besteht aus einem halbierten Flaschenkorken, einem Schnürsenkel (= Stromkabel) und zwei Zahnstochern. Für die Steckdose ein stabiles Pappstück bemalen. Die Zahnstocher passen exakt in die gemalten Löcher.

Kleine Fläschchen

So geht's:
Die kleinen Fläschchen auf stabiles Papier zeichnen, ausmalen und mit Stecknadeln an das Regal pinnen.

Beleuchtung

So geht's:
Für die direkte Beleuchtung lassen sich Deckel von Puddingbechern verwenden. Als indirekte Beleuchtung zum Beispiel eine Fahrrad-Klemmleuchte an der Innenseite der Spiegelverkleidung (eingeklappte Oberkante, siehe Skizze auf Seite 116) anbringen.

Fön

So geht's:
Für den Fön eine Teeverpackung an der Vorderseite aufschneiden und eine kleine Plastikflasche einkleben. Danach alles mit farbigem Tape umkleben und mit einem wasserfesten Stift beschriften.

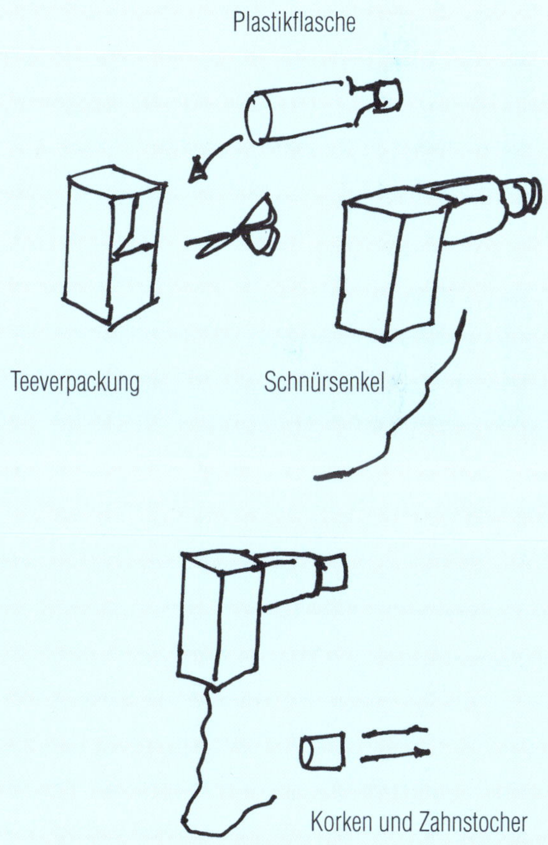

Berglandschaft

Spielwelt:
Eine Landschaft bauen aus allem, was die Küchenschublade zu bieten hat.

Kartonart:
flache Pappe

Werkzeug:
Schere, Pinsel, Lochbohrer

Weitere Materialien:
Heißkleber, Flüssigkleber, buntes Tape, Pappreste, farbiges Papier (ca. 300 g/m^2) Bleistift, Filzstifte, Buntstifte, Schaschlikspieße, Kaffeefilter, Watte, Tüten, Strohhalme, Eisbecher, Zahnstocher, Muffinförmchen aus Papier, Draht ...

Und so geht's:
Zuerst wird eine Grundpappe geschnitten. Und dann legt man alle Materialien um die Pappe und überlegt, wofür sich was eignet. Ein Eisbecher kann zum Beispiel ein Eisladen sein oder die Gondelstation, Pappreste und Zahnstocher werden zu Bäumen oder zu Autos.

Besonderheit:
Maximale Flexibilität: Auf diese Weise kann man eine Berglandschaft ebenso wie eine Meeresinsel bauen – dann sind die Eisbecher ein Boot oder werden zum Leuchtturm.

Mehr Details auf der nächsten Doppelseite.

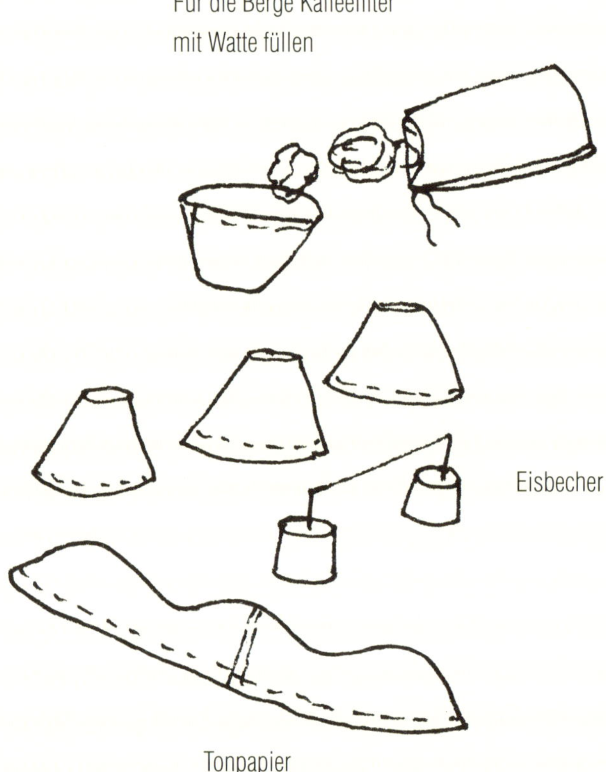

BERGPASS
GESPERRT
SEE-
BAD

Berglandschaft

See-Schwimmbad

So geht's:
Für das Schwimmbad haben wir blaue Mini-Muffinförmchen in Stücke gerissen und mit Flüssigkleber aufgeklebt, für die Umrandung wurde grüner Basteldraht verwendet. Der hohe Sprungturm ist aus einem Trinkhalm und zwei Muffinförmchen gebastelt.

Autos und Absperrung

So geht's:
Die Autos auf feste Pappe zeichnen und ausschneiden. Zwei Zahnstocher in die Unterseite stecken und die Autos auf der Grundpappe fixieren. Die Absperrung besteht aus zwei Strohhalmstücken, einem Zahnstocher und Butterbrotpapier.

Kühe

So geht's:
Butterbrotpapier eignet sich sehr gut, um Figuren und Tiere von Vorlagen abzuzeichnen.

Seilbahn

So geht's:
Für die Seilbahn werden in zwei Eisbecher Löcher gebohrt und darin jeweils ein Cake-Pop-Stiel eingeschoben. Die Stiele mit Basteldraht umwickeln und so verbinden. Die Gondel ist aus Pappe geschnitten und wird mit einer kleinen Drahtschlaufe befestigt – den Draht auf der Rückseite mit Klebefilm festkleben oder oben in die Pappe schieben.

Krokodil

Spielwelt:

Ein riesiges, gefährliches Tier zu bauen, ist für die ganz Kleinen das Größte. Auf diesem Objekt können sie sogar reiten – und es wächst auch noch, wenn man die Kartonteile auseinanderschiebt.

Kartonart:

zwei ineinanderpassende längliche Verpackungskartons (zum Beispiel von Lampen), ein mittelgroßer Karton für den Kopf

Werkzeug:

Cutter, Lochbohrer oder spitze Schere, Pinsel, Schwamm

Weitere Materialien:

Heißkleber, mattes Klebeband für Kartons, große Pappstücke, Packpapier, Volltonfarben

Und so geht's:

Für den Körper die Kartons ineinanderschieben. Wem ein kleineres Krokodil ausreicht, der kann nur einen Karton als Körper verwenden. Der Kopfkarton wird mit dem Cuttermesser, wie in der Skizze gezeigt, eingeritzt, nach innen geklappt und festgeklebt, sodass die sich verjüngende Kopfform entsteht. Den Kopf an den Laschen des vorderen „Körpers" ankleben. Vier Beine aus Pappe schneiden und mit einer Klebelasche befestigen.

Den Schwanz aus Packpapier zuschneiden und ankleben. Jetzt alle Teile mit hellgrüner Farbe anmalen und mit dunkelgrüner Farbe und einem Schwamm betupfen. Zum Schluss zwei runde Augen schneiden, anritzen, umklappen, festkleben und ebenfalls bemalen.

Besonderheit:

Das Krokodil besteht im Grunde aus den gleichen Materialien wie der Kaktus (Seite 52 bis 53). Diese zwei Projekte zeigen, wie viele unterschiedliche Möglichkeiten man bei gleichem Ausgangsmaterial hat.

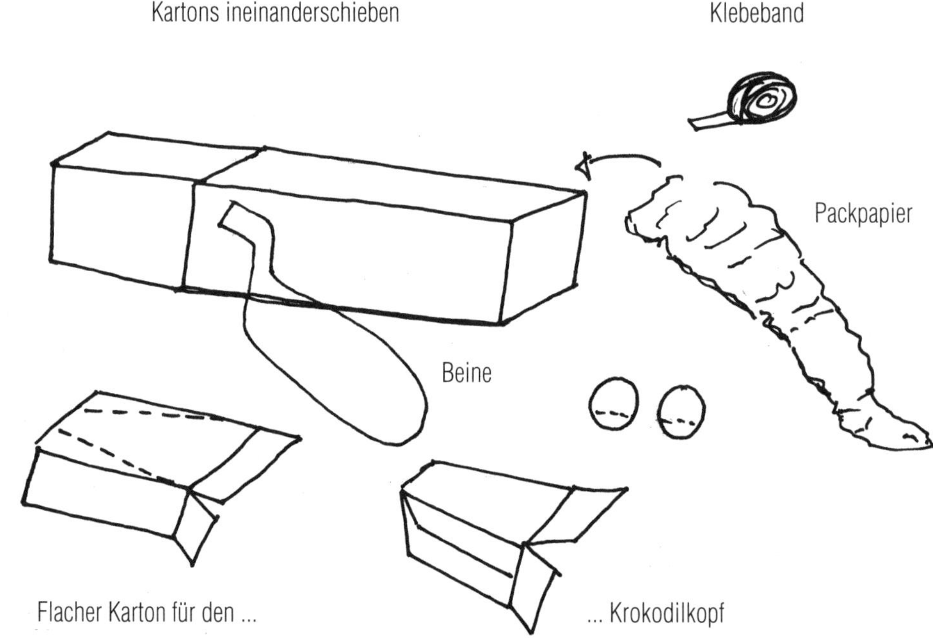

Kühlschrank

Spielwelt:
Das Spannende an diesem Projekt ist weniger der Kühlschrank selbst als vielmehr der zu bastelnde Inhalt.

Kartonart:
großer länglicher Karton, kleiner breiter Karton

Werkzeug:
Schere, Cutter, Pinsel

Weitere Materialien:
Heißkleber, Kreppklebeband, Pappreste, Minischachteln, Zeitungspapier, Buntpapier, Volltonfarben, dicke Filzstifte, Wachskreiden, Buntstifte, Flaschen, Schnur

Und so geht's:
Die Verschlusslaschen der Kartons werden mit dem Cutter abgeschnitten. Zwei große Pappstücke so in Form schneiden, dass sie als Türen angeklebt werden können. Achtung, an die Klebelasche auf der rechten Seite denken! Nun müssen die Kartons nur noch übereinandergeklebt werden. Für die Milchflaschen einen kleinen Karton seitlich an die Tür kleben. Im Inneren des Kühlschranks Unterteilungen einkleben. Mehr zu Pappverbindungen auf Seite 142.

Besonderheit:
Das Lustige an diesem Objekt ist, dass man sowohl echte Verpackungen verwendet als auch Nahrungsmittel aus Pappe oder Zeitungspapier bastelt. So entsteht beispielsweise die Wurst aus geknülltem Zeitungspapier mit Schnur und die Pizza aus einem bemalten, runden Pappstück. Außerdem: So ein Kühlschrank kann auch als CD- und Bücherregal verwendet werden.

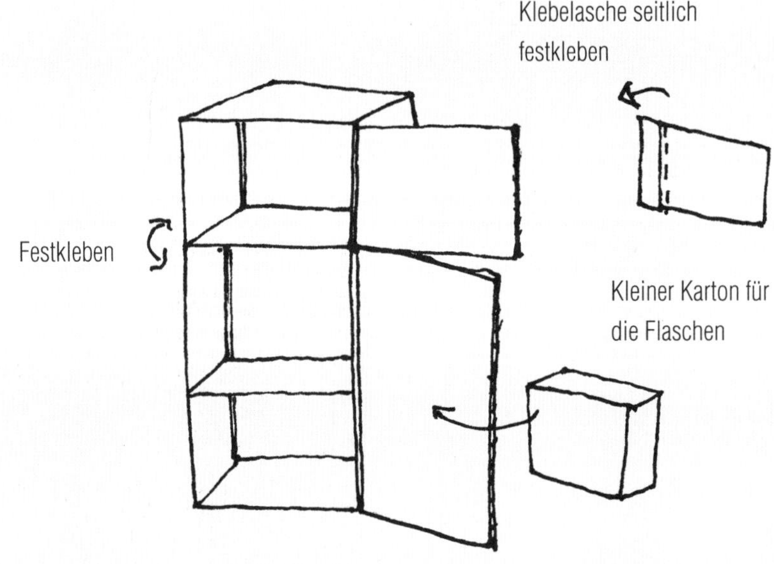

SIEMENS

Sommerhaus

Spielwelt:
Für größere Kinder ist dieses Sommerhaus gedacht. Denn es bietet alles, was Architektenherzen höher schlagen lässt: Eine gute Idee und eine ebenso gute Umsetzung in Planung und Detailarbeit.

Kartonart:
großer länglicher Karton

Werkzeug:
Schere, Cutter, Pinsel

Weitere Materialien:
Heißkleber, Kreppklebeband, Pappreste, Zeitungspapier, Volltonfarben, Filzstifte

Und so geht's:
Bis auf die linke Lasche des Kartons werden alle anderen Laschen mit dem Cutter abgeschnitten. Große Dreiecke aus Pappe schneiden und so einkleben, dass ein Schrägdach entsteht. Eine weiteres Pappstück wird aufgeklebt, damit das Dach einen Überstand (gegen Regen) erhält. Die Pappe für die Etage passgenau zuschneiden, dazu den Karton einfach auf die Pappe legen und als Schablone verwenden. Damit sie gut hält, kleine Pappwinkel von unten am Karton und der Pappe befestigen. Dazu muss vorher das Tor geschnitten werden. Alle weiteren Türen und Fenster sind aufgemalt. Die Bank wurde aus kleinen Pappstreifen gebaut und die Bäume bestehen aus Zeitungspapier und Pappe.

Besonderheit:
In diesem Objekt, das ein Schüler während eines Workshops gebaut hat, steckt viel Feinarbeit.

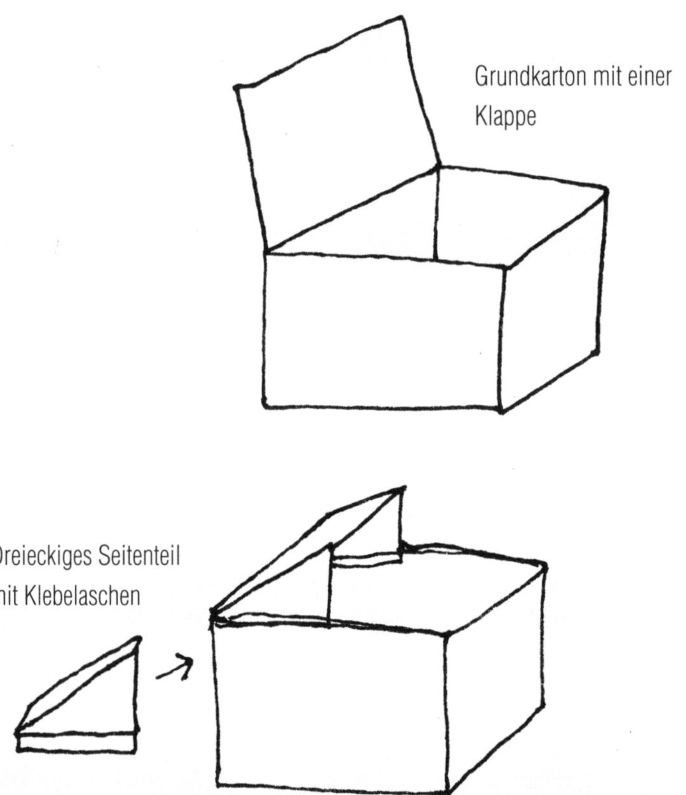

WELCOME

Geschäfte

Spielwelt:
Für alle, denen ein Kaufhaus (Seite 44 bis 49) zu groß ist, hier die Alternative: Drei kleine Geschäfte, zwei auf der unteren Ebene, eins auf der oberen. Diese Spielwelt ist für alle, die sich am liebsten um die Detailarbeit kümmern und darin die größte Freude finden.

Kartonart:
Schuhkarton mit Klappdeckel

Werkzeug:
Schere, Cutter, Tacker

Weitere Materialien:
Heißkleber, buntes Tape, Pappe, Wabenpappe, Minischachteln, Bleistift, Filzstifte, Buntstifte, Schnur, Band, Knete oder Salzteig, Papierchen, Stecknadeln, Miniklemmen, Draht von Sektkorken.

Und so geht's:
Der Deckel des Schuhkartons wird hochgeklappt und mit Heißkleber festgeklebt. Auf der unteren Ebene eine feste Wabenpappe auf die entsprechende Größe schneiden und einkleben, so entstehen die zwei Geschäfte. Der Tresen in der Bäckerei und im Obstladen ist aus einem länglichen Stück Pappe geschnitten (siehe Skizze).

Mehr Details auf der nächsten Doppelseite.

Besonderheit:
Das Basisobjekt ist sehr schnell gebastelt, interessant werden die Geschäfte erst durch die vielen kleinen Details. Deshalb ist dieses Objekt auch eher ein Objekt für größere Kinder, die schon die Ruhe für solche Arbeiten aufbringen können.

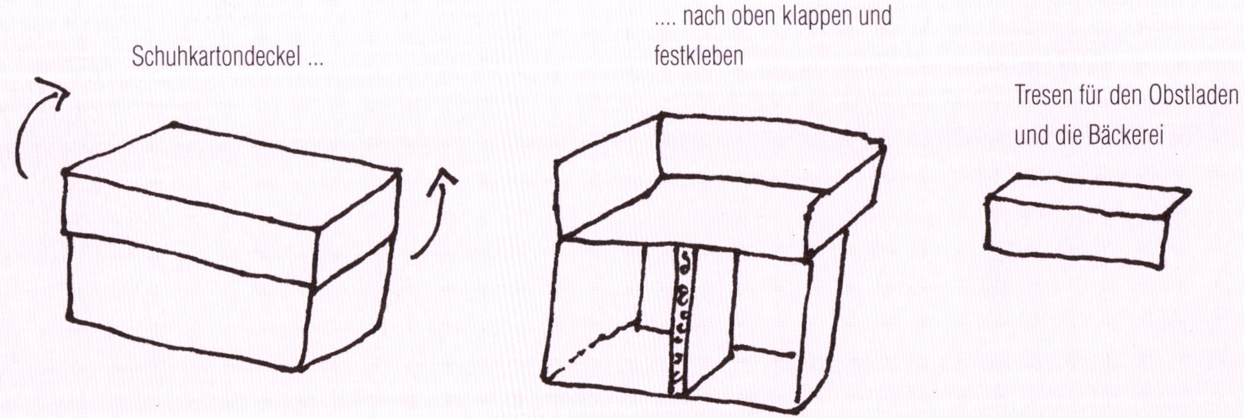

Aus vollem Korn
Knorr
HAFER
MARK
kaba
ONKO KAFFEE
GOLD
KIKO
Im Angebot
Bananen
BIO
erdbär
GALETTA
Dr.OETKER Aranca

Geschäfte

Pappregal

So geht's:
Für Schränke und kleine Regale kann man ein Stück Pappe mit Filzstift bemalen und an der Oberseite so einknicken, dass es stabil an der Wand steht.

Obstladen und Puddinggeschäft

So geht's:
Die kleinen Puddingschachteln sind vom Flohmarkt. Das Obst und Gemüse wurde aus Knete geformt.

Ein Sektkorkendraht wird zum Korb, eine Miniklemme samt Papier zum Angebotsschild und ein Stück Geschenkpapier zur kunstvollen Tapete.

Fächer und Tresen

So geht's:
Die Fächer werden an den Seiten und oben mit dem Cutter geschnitten, an der Unterseite eingeritzt und eingeklappt.

Der Tresen kann mit allem bestückt werden, was sich in einer Bäckerei so findet. Die Brezeln sind aus Knete und Salzteig geformt.

WERKZEUGE

Stift, Schere, Cutter

Bleistifte sind dafür da, erste Ideen und Skizzen festzuhalten oder auf dem Karton Linien zu zeichnen, die später geschnitten oder angeritzt werden. Filzstifte eignen sich gut für Details oder Schriften auf den Kartonobjekten. Wenn die Pappen zu dick für die Scheren sind, kommt der Cutter zum Einsatz. Dieser gehört nicht unbeaufsichtigt in Kinderhände.

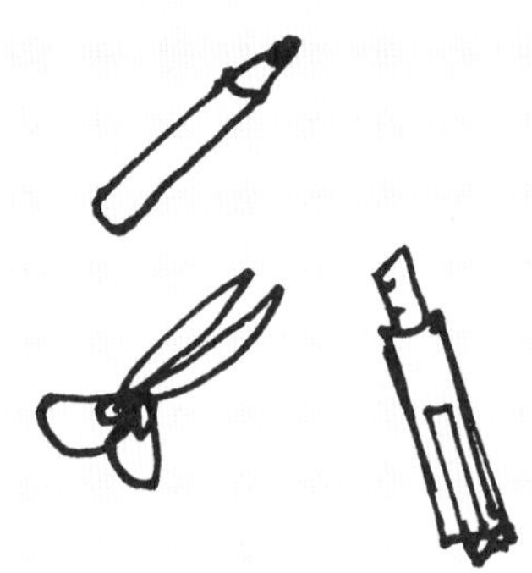

Leim, Flüssigkleber, Heißkleber, Klebeband und Tapes

Um kleine Pappen und filigranes Material zusammenzukleben, verwendet man Flüssigkleber oder Leim. Große Kartons und Pappen werden mit Heißkleber verbunden. Achtung, der Heißkleber gehört nicht unbeaufsichtigt in Kinderhände. Kreppklebeband eignet sich, um Verbindungen zu testen, die im Anschluss mit Heißkleber geklebt werden. Bunte Tapes werden oft als Dekoration verwendet – sie sind Kleber und Verzierung in einem.

Wasserfarbe, Wachskreiden, Volltonfarbe, Acrylfarben, Sprühfarben

Am besten lässt sich offene braune Pappe anmalen. Hier können gut Wasserfarben, Wachskreiden oder Volltonfarben verwendet werden. Sind Karton und Pappe beschichtet, decken die wasserlöslichen Farben nicht und man sollte Acrylfarben oder Sprühfarben einsetzen. In allen Fällen müssen die Erwachsenen darauf achten, dass der Boden und die umliegenden Bereiche so abgedeckt sind, dass die Kinder ihr Objekt gut anmalen können. Wir verwenden zum Unterlegen Zeitungspapier und Kreppklebeband (zum Fixieren) oder Malervlies. Letzteres eignet sich besser als glatte Plane, da es die Farbe aufsaugt.

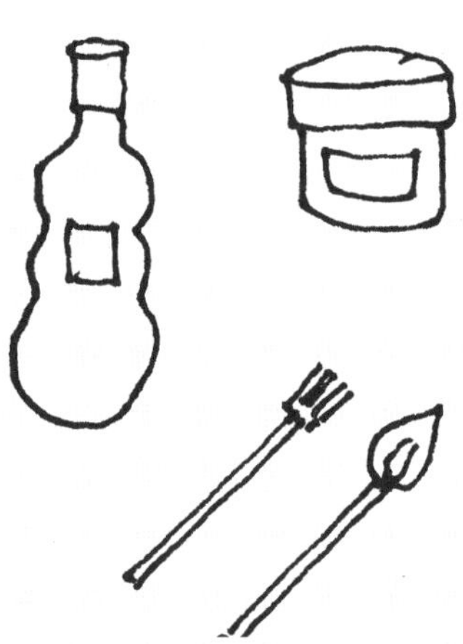

KARTONS und VERPACKUNGEN

Stülpdeckelkarton

Den Stülpdeckelkarton gibt es in unterschiedlichsten Größen. Meistens ist er recht stabil, da er einen Deckel besitzt, der sich über den gesamten Karton stülpt. Manchmal wird er auch aus Graupappe gefertigt. Dann ist er noch stabiler, aber auch schwieriger zu bearbeiten.

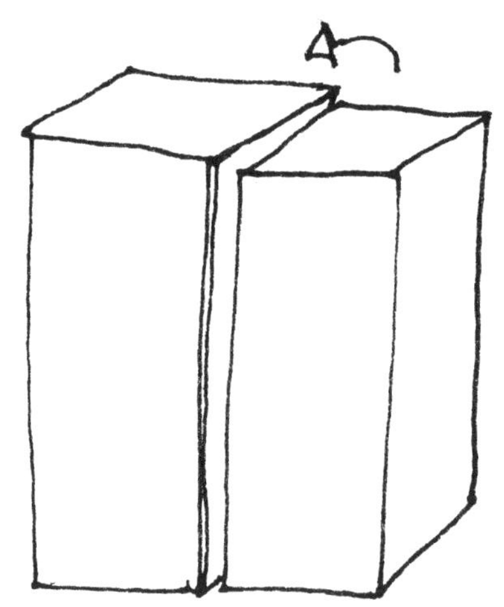

Versandkarton länglich

Meistens besitzt er kleine Laschen an den Seiten und ist stabil, da er zum Versenden verwendet wird.

Schachtel und Deckel

Möchte man Objekte bauen, lässt sich die Schachtel einfach umdrehen und die offene Seite auf den Boden stellen. Der Deckel kann zum Beispiel als Rückwand angeklebt werden und passt perfekt zum Format.

Elektrogerätekarton

Der große Faltkarton eignet sich für alle Objekte, in denen auch ein Kind Platz findet. Die großen, stabilen Laschen, oben und unten, kann man für viele Objekte gleich geöffnet lassen (Ritterburg Seite 16 bis 19 oder Klang-Box Seite 26 bis 29).

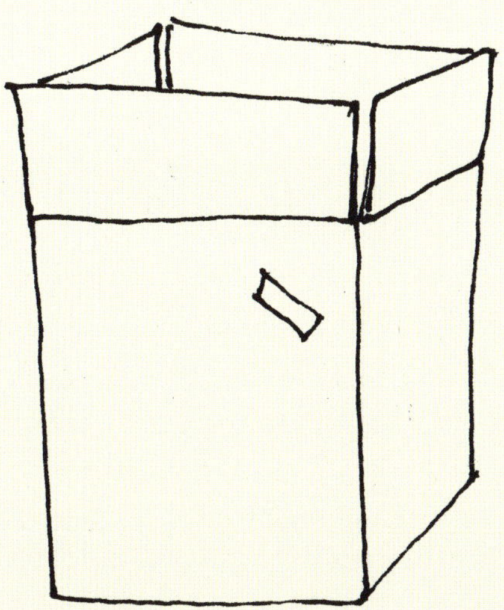

Buchversandtaschen

... lassen sich gut aufstellen, um kleine Geschäfte und Läden zu bauen.

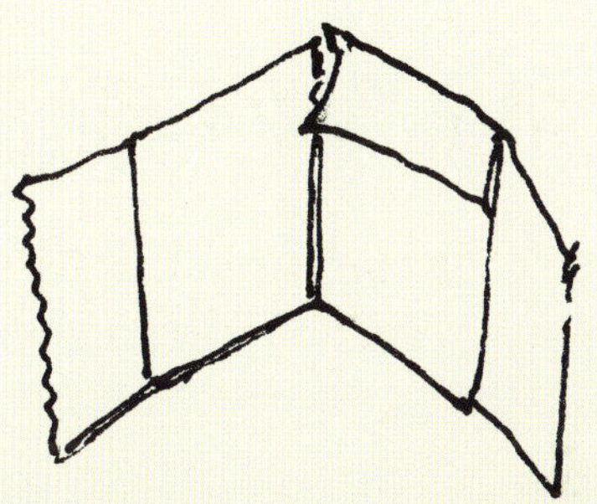

Zum Beispiel Flaschenkarton

Der Flaschenkarton wird hier exemplarisch vorgestellt. Er steht für alle Kartonarten, die spezielle Einteilungen und Aussparungen haben. Sie fallen uns in die Hände und erinnern schon durch ihr Aussehen an bestimmte Gegenstände. Unser Beispiel für den Flaschenkarton ist der Staubsauger (Seite 14 bis 15).

MATERIALKUNDE

Deckel, Kronkorken, Korken usw.

Sie werden vor allem als Schalter, Drehknöpfe oder zur Dekoration eingesetzt. Korken sammeln viele Leute sowieso zum Basteln oder um sie an Recyclingstationen abzugeben. Kronkorken landen eigentlich meistens im Müll, und Deckel bleiben auf den Flaschen. Also ist unser Tipp: Kronkorken im Einmachglas sammeln und Deckel – die schönen – abdrehen und ebenfalls aufbewahren. Auch Sektkorken eignen sich toll zum Basteln, samt dem dazugehörigen Draht. Dieser lässt sich für vieles verwenden, zum Beispiel für Minilampenschirme, die mit Transparentpapier umklebt werden.

Obstnetze

Der Klassiker beim Basteln mit Obstnetzen ist sicherlich die Hängematte für Spielfiguren. Man kann die bunten Netze aber auch mit Zeitungspapier füllen und daraus Wurfbälle bauen. Oder man setzt sie für filigrane Objekte ein. In Streifen geschnitten und verknotet, sind sie ein guter Bandersatz.

Minischachteln

Am besten sammelt man Minischachteln in einer großen Schachtel. Teeverpackungen und Kosmetikverpackungen sind für viele Projekte sehr gut einsetzbar. Daraus lassen sich zum Beispiel kleine Häuser für eine
große Papplandschaft bauen oder Minigeräte wie der
Fön von Seite 119. Bastelt man mit kleinen Kindern,
dann können die Minischachteln als Materialquelle
verwendet werden. Die dünne Pappe lässt sich nämlich
auch von kleinen Händen gut mit der Schere schneiden.

Naturmaterialien

Dazu zählt alles, was sich in der Natur findet: Stöcke,
Samen, Nüsse, Schalen, Blätter, Steine, Muscheln, Grä-
ser usw. Der Schwerpunkt liegt in diesem Buch nicht
unbedingt auf Naturmaterialien, aber manchmal benötigt man plötzlich doch etwas von draußen. Zum Beispiel beim Zoo to go (Seite 112 bis 113): Da brauchte
der Affe unbedingt einen Kletterast – und der war
schnell im Garten gefunden. Wer in der Stadt wohnt,
benutzt vielleicht nicht so viele Naturmaterialien wie
jemand, der auf dem Land mit dem Garten vor der Tür
lebt. Aber unser Tipp für alle: Alles verwenden, was die
Spielwelt zur richtigen Welt macht.

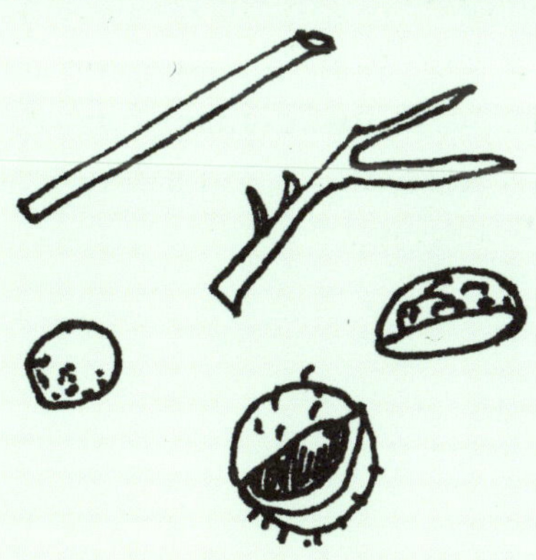

MATERIALKUNDE

Klemmen, Haken, Nägel

Wie schon bei den Deckeln und Korken vorgeschlagen: Am besten alle für kleine Mechaniken oder Haken geeigneten Materialien in einem Einmachglas sammeln. Büroklammern kann man auseinanderbiegen, Nägel an der Oberseite mit Pappe bekleben. Man muss die Dinge nicht immer so verwenden, wie es vorgesehen ist.

Bänder, Schnüre, Draht

Sie werden eingesetzt, um Verbindungen zu schaffen. Diese Verbindungen sind meist ein bisschen loser als mit Kleber. Paketschnur reicht für die meisten Objekte.

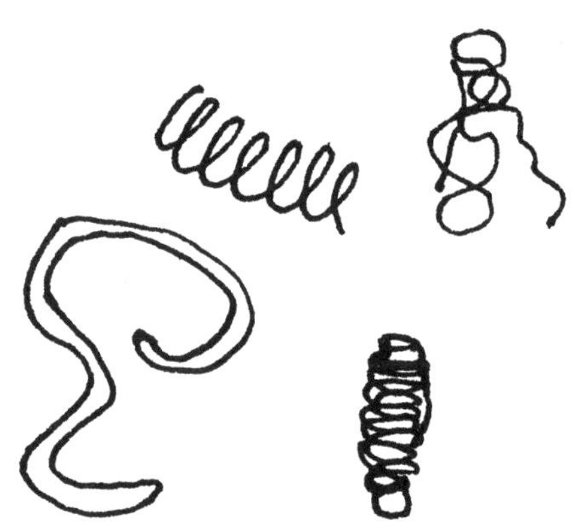

Stoffe, Folien, Papier

Alles lässt sich mit Pappe kombinieren und gerade Stoff und Pappe passen gut zusammen. In den Pappwelten wird Stoff wie Papier eingesetzt: Er wird geschnitten und angeklebt. Ein gutes Beispiel dafür ist das Peace-Haus (Seite 42 bis 43).

Mini-LEDs, Klemmleuchten, Lichterketten

Manchmal möchte man, dass ein Objekt leuchtet. In diesem Fall lassen sich ganz einfach einsetzbare Lichter verwenden. Beim Kaufhaus (Seite 44 bis 49) kommt eine Lichterkette zum Einsatz und beim Friseursalon (Seite 116 bis 119) wird eine Klemmleuchte über dem Spiegel befestigt. Auf einer Papplandschaft kann man kleine LEDs platzieren. Die Kabel verlaufen dann an der Unterseite der Pappe.

PAPPVERBINDUNGEN

Der Tipp mit dem Knick

In fast allen Fällen ist die Verbindung mit einer Klebelasche stabiler: Man klebt die Pappe nicht direkt fest, sondern schneidet sie ein Stück länger zu, ritzt die Pappe mit dem Cutter an und knickt die Klebelasche um.

Wellen

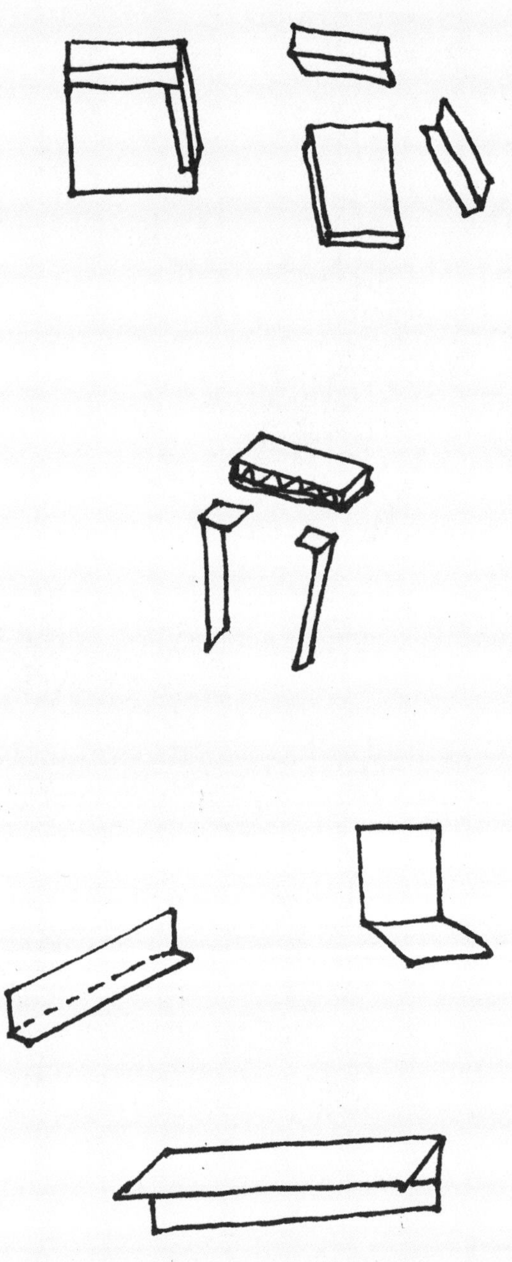

Alle „braunen" Kartons besitzen zwischen ihrer „Außenhaut" eine oder mehrere Wellen. Die Laufrichtung der Pappe verläuft in Richtung der Wellen. Je mehr Wellen eine Pappe besitzt, desto stabiler ist sie. Hierzu gibt es tatsächlich eine Faustregel: Je jünger Kinder sind, desto weniger „Wellen" sollten sie bearbeiten. Für Kindergartenkinder ist das Schneiden von dünner Pappe bereits eine Herausforderung, Grundschüler haben schon wesentlich mehr Kraft. Richtig feste Pappen lassen sich nur noch mit dem Cutter bearbeiten (zum Beispiel bei den Kegeln Seite 70 bis 73).

Wann wird die Laufrichtung wichtig?

Wenn man Pappe knicken möchte! Man kann sie gut in Laufrichtung knicken, sie verliert dabei aber an Stabilität. Gegen die Laufrichtung lässt sie sich auch knicken. Dann muss man sie allerdings mit dem Cutter vorher anritzen (siehe „Der Tipp mit dem Knick").

DANKE ...

... an alle, die dieses Buch möglich gemacht haben.

Jeder, der kreativ arbeitet weiß, wie viele Teile zusammenkommen müssen, damit ein Projekt richtig gut werden kann. Von der ersten Idee bis zum fertigen Buch sind es viele Schritte.

Ohne die Offenheit der Kinder, die in den Workshops mitgemacht haben, und zum Teil auf den Fotos zu sehen sind, hätten die schönen Fotos und Kommentare nicht entstehen können – vielen Dank.

Danke an alle Freundinnen und Freunde, in deren Wohnungen die schönen Fotos entstanden sind. Und an die Kinder, die super Modelle waren.

Danke an die Jugendkunstschulen Tempelhof-Schöneberg und an das YoungArts Neukölln in Berlin, die mich immer wieder unterstützen und die von mir erdachten Workshops machen lassen.

Danke auch an meine Familie, die mich wieder einmal gut beraten hat. Danke Gilbert für die Kaktusidee und Peter für die Textberatung.

Danke an Anita Back für die schönen Fotokompositionen und Heidi Müller fürs gute Kritisieren. Und nicht zuletzt ein Dank an meine Lektorin Claudia Huboi, fürs »Rundmachen« der Texte!